酒場とコロナ

あのとき酒場に何が起きたのか

大竹聡

写真 衛藤キヨコ

本の雑誌社

酒場とコロナ　あのとき酒場に何が起きたのか　目次

コロナに翻弄された酒場を追いかけて

第1部　酒を出せない酒場たち——2021年 夏〜冬——

第2部　コロナ禍は3年におよび――2023年秋――

酒場とコロナ　あのとき酒場に何が起きたのか

コロナに翻弄された酒場を追いかけて

新型コロナウイルスの蔓延により、政府が緊急事態宣言を発出してから、丸4年の歳月が過ぎようとしています。

世間は、平常に復したように見える。もうコロナは過ぎたことだと、割り切っているようにも見える。

たしかに、コロナ禍は去ったのかもしれない。今は過去を振り返るより、前を向くべきかもしれない。しかし、あの時期に、何が起きたのか。何が変わり、何が変わらなかったのか。その答えはまだ出ていないだろう。

本書は、コロナ禍が酒場に何をもたらしたか。その一点を追いかけて、酒場の人々を訪ね、時期を変えて聞いた話を一冊にまとめたものである。

酒場が店を閉じ、夜の街から人が消えたとき、人は何を思ったか。触れ合うことはおろか、語り合うことも禁じられ、スマホやパソコンの画面に向かって、ぎこちない冗談を飛ばしながらリモート飲み会をした日々。それは、酒場が酒を出せないという、太平洋戦争末期以来、80年ぶりに日本を見舞った悲惨な日々だった。

コロナ禍は、当初、多くの人が期待したよりも長く、しぶとく続いた。私は、2021年に21軒、2023年に5軒の酒場を訪ね、酒場のご主人やスタッフたちの話を聞いた。営業停止が解けた期間には、できるだけ酒場に足を運び、そのとき、何が起きているかを肌で感じてきた。

そこでは、酒場の主人の哀しい心情も、酒場を愛する人たちの、みんなに会いたいという切望も、何度も見たり聞いたりした。そして今、酒場を愛するすべての人たちと一緒に、あのとき何が起きたのかを、もう一度眺め渡してみたいと思う。

第1部では、2021年の夏、東京五輪開催の裏側で酒を提供できなかった酒場で聞いた、生の声と風貌をお届けいたします。続く第2部では、タイプの異なる5軒の酒場がコロナ禍をいかにして生き抜いてきたかを報告します。

それでは、2021年8月、祐天寺の名店から、このレポートを始めることにします。

第1部

酒を出せない酒場たち

――2021年 夏〜冬――

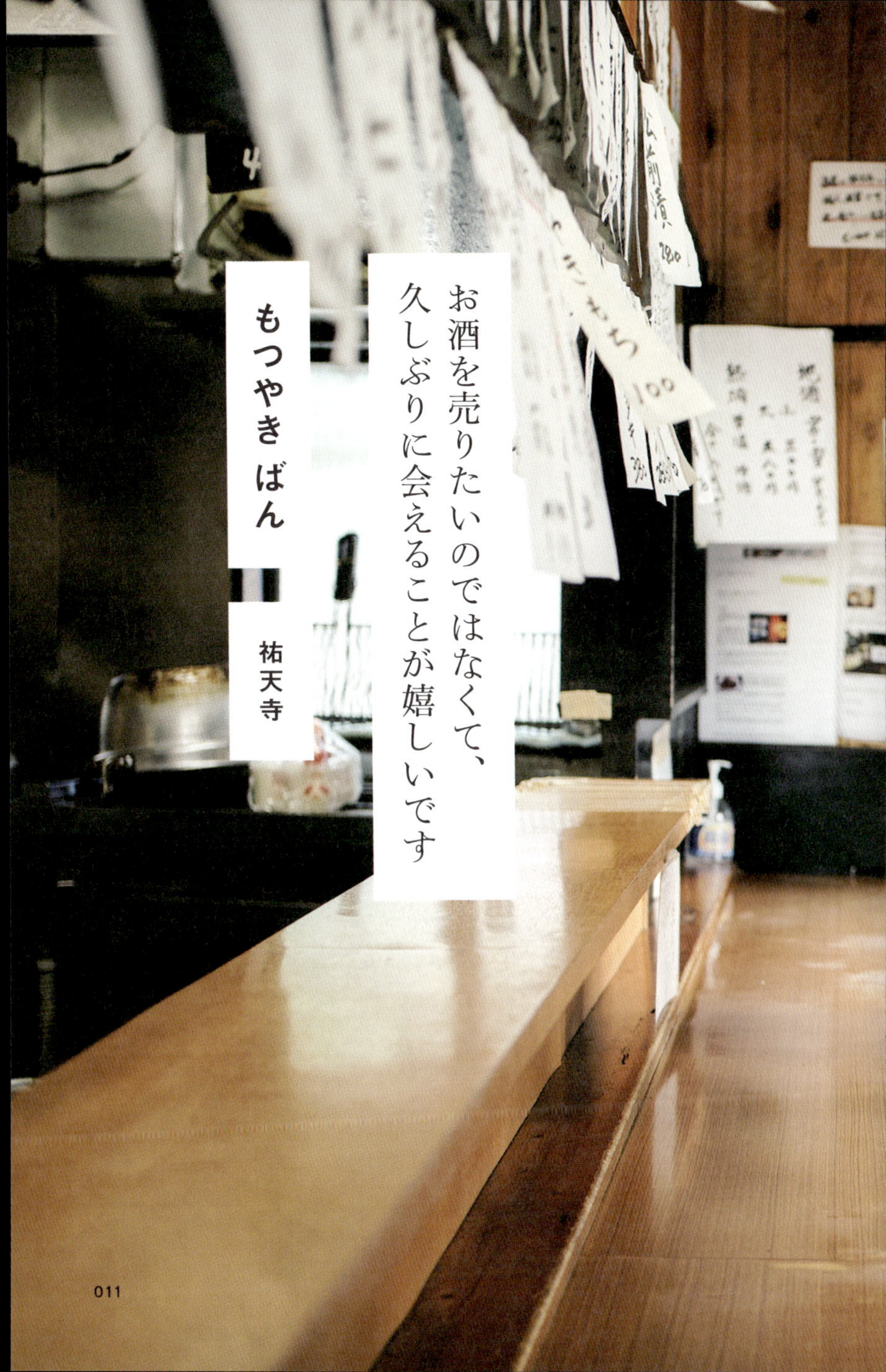

お酒を売りたいのではなくて、久しぶりに会えることが嬉しいです

もつやき ばん

祐天寺

うちは、ずっと法令順守。だから今は完全休業です

最初にお邪魔いたしましたのは、祐天寺の「もつやき ばん」。飲み屋さんの好きな人たちにはよく知られたこの名店を訪ねたのは、緊急事態宣言発出中の2021年8月10日のことです。

店主の小杉潔さんは、実兄が長く経営した老舗をいったん閉店した後を継いで、2005年に現在の店を開いた。扱うのはもつ焼き。ほかにも名物の煮込みや豚尾《トンビ》、レバカツやお刺身などと、つまみは幅広い。しかし、なんといっても、こちらの代名詞は、〝サワー〟だ。キンミヤ焼酎と氷と、炭酸、生レモン。ワンセット頼むと、焼酎と氷の入ったジョッキと生レモン1個、そしてプレーンソーダが供される。絞り皿でぐいぐいとレモンを搾る。レモン半個分の汁をジョッキに注いだら、後は、ドボドボとプレーンソーダを注いで完成。これが、うまい。いける。抜群だ。祐天寺まで来てよかった、と最初の1杯で思わせる。

だから、多くのお客さんに長く愛されてきた。小杉さんのお兄さんが店を開き、焼酎の炭酸割りを〝サワー〟と命名し、そこにレモン果汁をたっぷり注いだこの1杯を開発したのは、いわゆる日本の高度成長期のこと。今の若き飲み手たちのお父さんお母さんの、子供時代のことなのでありますが、今も変わらずこの1杯が愛されるわけ

もつやき ばん

ですから、「ばん」のレモンサワーはざっくり言って半世紀以上人気を保っている化け物カクテルなのであります。

店は連日満員。ときには混みすぎてどうにも窮屈、というくらいに賑わうが、そこがまたこの店の楽しいところ。平日は午後4時にオープンするのだけれど、そこから夕方早い時間までは、比較的年配の常連さんが多い時間。仕事終わりの方々が来る時刻となると、その年齢層が下がってきて、午後8時、9時くらいになると、なんと若者で賑わったりもする。

本店が流行り、隣の物件に新店（2号店）を出す。両店のメニューはまったく同じだが、お客さんの中には、本店が好みの人や、新店にばかり行く人もいらっしゃるとか。

「ばん」は、客数が多い。だからこそ、時短営業や休業を余儀なくされるコロナ禍の影響は、決して小さくないはず。では、どのように対応してきたのでしょう。

「うちは、ずっと法令順守です。昨年（2020年）の4月の緊急事態宣言から、休まなければいけないときは休業してきましたし、時短要請にも対応してきました。だから今は、完全休業ですよ」

お休み中の店に出てきてくださった小杉さんは、あっさりとそう言った。もう少し恨み節が出るかと思っていたのが、拍子抜け。さらっと言ってのけるのです。

もつやき
ばん
飲食店等感染防止
徹底点検済
もつやきばん　本店
テークアウト
もつやき 1本 100円
レバカツ 1本 150円
とんび豆腐 500円
もつ煮 300円
マカロニ 280円
揚げもの 280円
7月12日
8月31日
休業
もつやき
ばん

「天災という感じですね。コロナは、どうしようもない。まあ、人災の面もあるんだろうけれども、他の誰かがやって、もっと悪くなっていたのかもしれないし、時短や休業要請については協力金もあるから。あれだけでもだいぶ違うんですよ。まあ、支給は遅いけれどね」

「ばん」では、本店と新店両方で、売上高によって決まる協力金を受給している。これで、アルバイトや従業員の給料も払っているという。

「従業員の給料、家賃、水道光熱費、衛生費、雑費、いろいろ払うと、ゼロかマイナスになる。私はだから、給料は取りません。でもね。なんとか食べてはいける。それで充分。日本が戦争に負ける2年前に僕は生まれているんです。その頃も戦後も、食べるものがない。そんな時代だった。今は、食べるものも、着るものも、住むところもある。戦争に行って命の危険を冒すこともない。だからね。まあ、食べていければいいと。夢がないのかなあ（笑）」

久しぶりに店を開けたとき、「生きてた――」と喜びあった

この日、新店を切り盛りする方艶《ホウエン》さんと、本店を仕切る平野正さんも、お話を聞かせてくれました。方艶さんは中国のご出身で日本の大学も出ていて、とてもきれいな

日本語を話す。店では〝エンちゃん〟と呼ばれています。

「コロナで営業できなくなっていちばん悲しいのは、常連さんが来られないこと。お客さんと会えないのが悲しいです。でも、お休みの間にできることもある。私は、食品衛生管理の勉強もしているし、店の整理整頓と、掃除も徹底してやります。最初の緊急事態宣言のときから整理整頓を始めたし、今年（2021年）の6月には、窓枠も全部外して掃除して、壁をペンキで塗り替えてから、壁に貼るメニューの札も全部書き直した。やることはいっぱいあるよ」

エンちゃんは、実に前向き、元気もいい。しかし、休みがあまりに長いと、休みの間にやることもやりつくしてしまう

もつやき ばん

のではないか。本店の正さんはこう言います。

「去年の4月から2ヶ月閉めて、5月末に店を開けたときは、とにかく嬉しかったですね。僕も嬉しいんですけど、お客さんがとにかく喜んでくれて。お互いに、生きてたー！　って喜びあって。でも、お客さんの話を聞いてあげたいんだけど、忙しすぎてどうにもならなかった。店を開けてから2日間はゆっくり話ができなかったんですよ」

今年（2021年）の正月から3月までで2ヶ月半に及んだ緊急事態宣言が明けたとき、小杉さんは、土日の営業開始時刻をそれまでの午後3時から1時間繰り上げて、午後2時にしてみたという。

「お客さんが、2時前から並んでくださ

ったんですよ。本当にありがたかったですね。逆に、密になってはいけないから対策には気を遣いましたが」

「ばん」ほどの人気店になると、店が開くのを待ちわびるお客さんは多い。営業再開の日に店に来るその人たちは、しばらく飲めなかったサワーを求め、好みのつまみを目当てにやってくる。でも、本当の目的は、店の主や従業員、そこに集うお客さんたちの顔を見ること。さらには、自分の顔を見せることにあるのではないか。常連客は、祐天寺界隈の人ばかりではない。近所の人は3割か4割。あとの人は、電車やバスに乗ってやってくる。片道1時間以上かかる人だって珍しくない。エンちゃんは言うのです。

「売上はアップしたいけど、儲からなくてもいいから、お客さんに来てほしい。それがうちの店の経営理念。他とは違うよ。私は毎日、いろんな人に会えるのが嬉しいの。お酒を飲まないときはすごく大人しいのに酔うとなんでもぺらぺら喋る人がいる。そういう人を見ているのもおもしろい。みんな、やさしいし、本当に、いいなって思う。だって、東京には、たくさんお店があるのに、遠くからもお客さんが来てくれる」

お客さんは「ただいま」という気持ちで入ってくる。エンちゃんは「お帰り」と迎えるという。

「うちの店は、ホームみたいだよ。家に帰ってきた感じで、迎える。今、世の中では

アジフライ
ハムカツ
レバカツ
かつおたたき
380
まぐろたたき
モロヘイヤ
280

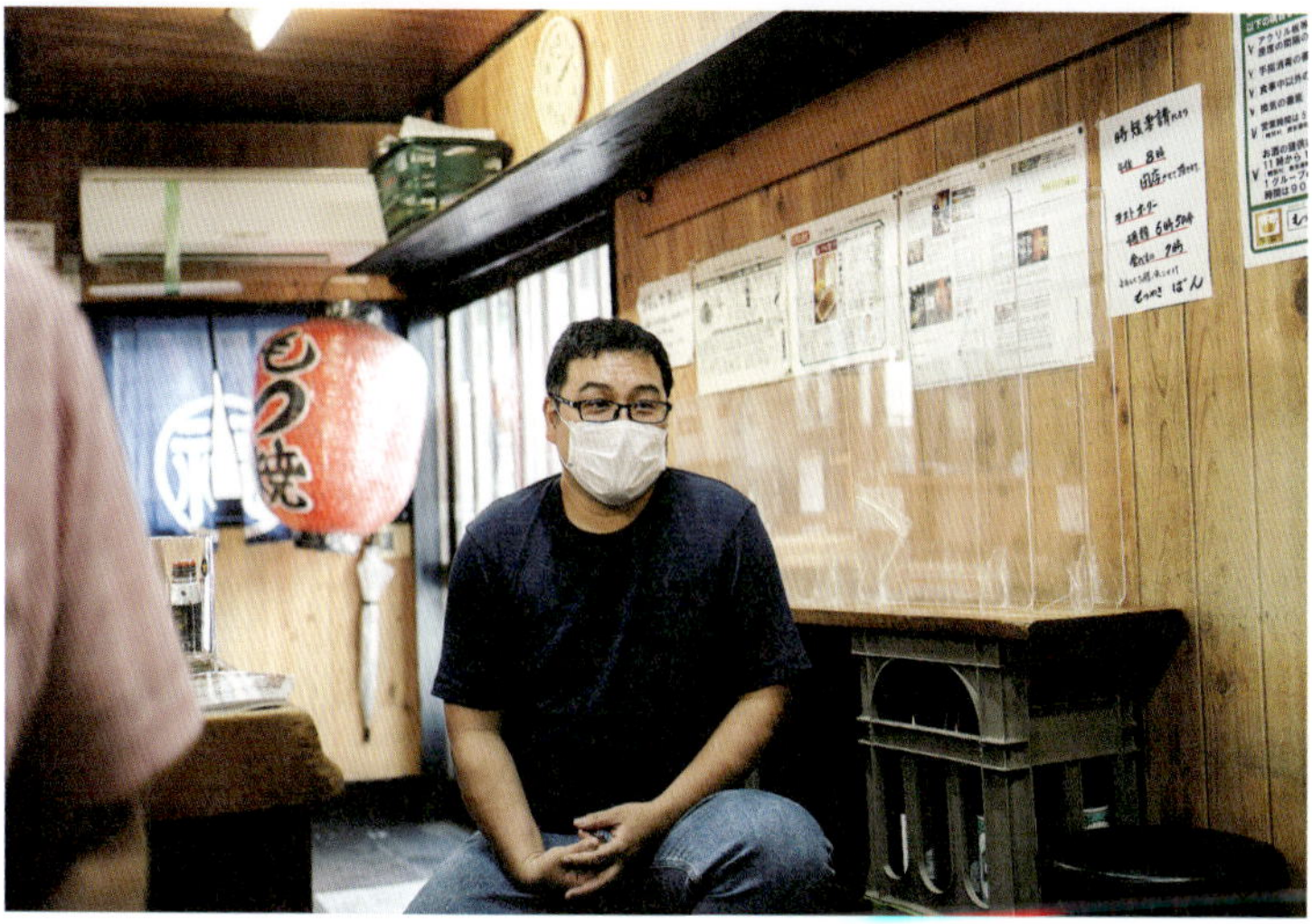
もつ焼
時短要請

コロナに感染している人が増えているから、お客さんの元気な姿を見るだけで嬉しい。お酒を売りたいのではなくて、久しぶりに会えることが嬉しいです」

正さんもその思いはまったく一緒だと言います。一方で、やはり心配もあるということです。

「今回の休業期間は複雑ですね。今年に入ってから緊急事態宣言が長く続いて、僕は仕事ができないわけですけど、世の中の多くの人は、仕事に出ている。自分はどうすればいいのか。これから、どうなるんだ。正直、不安になる部分もあります。緊急事態宣言も8月末で解除になるかわからないし」（註：取材後、度々延長され9月30日まで続いた）

小杉さんの見通しも決して楽観的ではないようです。

「今年はまあ、仕方がない。そして来年から、徐々にもとへ戻っていくでしょうね。以前と同じになるのは、再来年かな」

苦境にあって焦らず——。お客様は本当に神様なんだと、小杉さんは言います。そして、酒場とはどういうところか、一言だけ、語ってくださいました。

「うまい、とか、品物がいいとか、そういうことではない。酒場というのは、人です。お客さんは〝人〟に来る。店の人に会いに来るだけでなく、お客さん同士、会いに来る。そこには、コミュニティがある。店はやっぱり、人なんですよ」

こう語る小杉さんは今年78歳。弱音を吐くどころか、再来年も視野に入れて、コロナ禍を生き抜いている。語り口も、仕草も、飄々としてて、営業中と変わらない。たとえ店を休んでいても、訪ねてきた人にはサービスせずにはおれないという、酒場の主の心意気を見る思いです。

「ばん」営業再開のときには、小杉さんや正さんの優しい笑顔をきっと見に行こうと思う。エンちゃんは、「元気だったかー!」と言って、私の肩をポンと叩いてくれるだろうか。

その日が、今から、本当に、待ち遠しい。

もつやき　ばん

【住所】東京都目黒区祐天寺2-8-17　【電話番号】03-3792-3021
【営業時間】15:00~22:00(L.O.21:30)
【定休日】年末年始、お盆、不定休あり　【アクセス】東急東横線「祐天寺駅」より徒歩5分

知多
山崎
白州
余市
宮城峡
竹鶴
LEJAY
LEJAY
LEJAY
LEJAY

未来の担い手を育てるためにも、今、僕らが踏ん張らないといけない

サンルーカル・バー

神楽坂

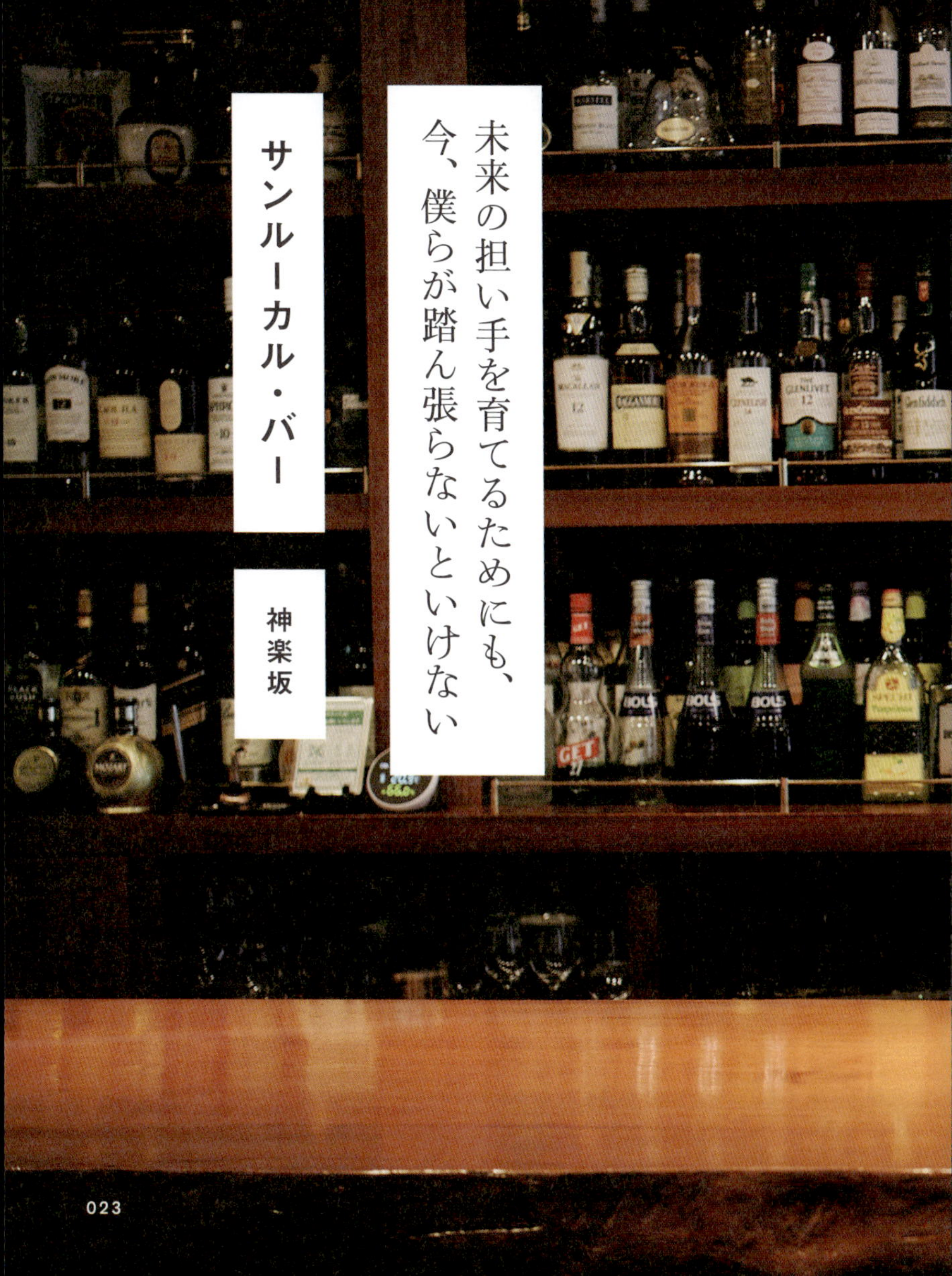

平常時と同じ時刻に家を出て、毎日出勤しています

酒場が酒の提供を禁じられるという異常事態のまま、短い夏が終わろうとしています。最初の緊急事態宣言が発令されてから1年と4ヶ月。飲食店も、お客も、仕入れ業者も、これまでに経験したことのない時間を過ごしている。

神楽坂の坂上に佇む名店「サンルーカル・バー」。昼2時から本格派のカクテルを味わえるこのバーも、要請に従い、長らく休業を続けている。

2021年8月10日の午後3時。いつもならお客さんに応対している時刻ですが、オーナーバーテンダーの新橋清さんは、穏やかな笑顔で迎えてくれました。緊急事態宣言の発令された当初から行政の要請に対応してきたお店は、現在休業中。休業補償を受けながら、来るべき再開の日を待っています。

「売上が保証されることはないので、持ちだしになるのはしょうがないですね。それに見合ったやり方をしていくしかない。自分たちの足下を見ながらやるしかないです。店舗さんごとの事情がありますから、他の店舗さんがどうしようと僕は全然気にならない。今は店を閉めることが一番早く収まる方法だと信じて、そうするしかないと思っています」

口調は、日ごろの営業中と同様に、淀みない。こうして話しながら、「さあ、何に

Sanlúcar
飲食店等感染防止
徹底点検済
「徹底点検 TOKYOサポート」プロジェクト

サンルーカル・バー

いたしましょうか」と、注文を促してくれるような錯覚に陥りそうです。休業中の新橋さんは、どんなふうに過ごしているのか。まずは、そこから伺います。

「営業しているときと同じ時刻に家を出て、基本的に毎日出勤しています。出勤時間を遅くしなければ、朝起きるのも、食事も、寝る時間もそれに合わせて以前と同じようになります。毎日家にいたら、昼と夜の境目もなくなってしまう。でも、普段と同じように店に出ていれば気持ちも維持できる。だから、そこだけ、気を付けています」

新橋さんが独立してこの店を開いたのは2010年。店の歴史はすでに11年を数え、新橋さんは51歳になった。独立前の20年間は、銀座ひとすじだった。「ロオジエ」「テンダー」という名店で、日本のバーテンダー界を代表する名人、上田和男さんの下で働いた。代々木上原の「カエサリオン」の主人である田中利明さん、福岡「バー・オスカー」主人の長友修一さんとは、「ロオジエ」時代に一緒に働いてきた。カクテルのコンペティションでは世界一の座を獲得したこともある。つまり新橋さんという人は、経験、実績、技量、なにをとっても当代の名バーテンダーのひとりなのです。けれど新橋さんは、まるで新人バーテンダーのように、休業中であっても毎日同じ時刻に起床し、髭を剃り、店に出てくる。

「店に風を入れて、掃除して、CDを2枚くらい聞いて本を読んで、それだけで帰る日もありますよ。休みの間にやれることも、すぐにやり尽くしてしまうから、早く家に帰って食事をつくって、妻の帰りを待っている日もあります（笑）」

休みでも毎日ストイックに出勤し、気持ちを維持する。そんな堅い話をした後は、聞き手を安心させるエピソードを忘れない。緩急自在。口八丁手八丁というタイプではないのだけれど、新橋さんの心配り、実にきめ細かい。

「勉強できる時間も増えたので、ホームページの制作を少し勉強してみたり、ご無沙汰をしている人に手紙を書いたり。それから、よく電話もします。田中さんとか長友さんともよく電話をして話します。実務的なことでは、雇用調整助成金の手続きのこととか、情報を交換したりします。何でも話せる同業の人は、こんなとき、頼りになるし、お互いのことを思い合えて、ありがたいですね。うちで働いている竹内（洋行さん）も、バックバーのボトル磨きはすぐに終わっちゃいますけど、毎日、ずっと家にいたのでは誰とも口をきかない生活になってしまうから、ときどき出てきて、資格の勉強やコンペの練習をしています。この先、まだ、どうなるかよくわかりませんが、必ず終わりが来ると思うので、今のこの時期を、エネルギーに変えられるようにはしたいと思います」

「サンルーカル・バー」は、カウンター7席、テーブル1卓だけの、小さな店です。決して広くはない。けれど、改めて見回すと、ゆったりとして、落ち着く。カウンターの幅が広いからだろうか。なにより、無駄がない。必要なものは、すべてあるが、余計なものは、ひとつもない。日ごろの新橋さんの所作、会話、目線にも共通しているかもしれない。黙って集中してカクテルをつくる。ソーダ割り1杯にしても、実にていねいにつくる。その集中した姿は、一瞬、言葉や会話を拒絶するが、実は、そのときだけのもの。「お待たせいたしました」と言ってグラスを供するときには、客との間にあった薄い膜が消えて、同じ空間に入って来てくれる。応対はていねいだが、ざっくばらん。つかず離れず。それでいて、心の張りをキープしているから、こちらのグラスが残りわずかになると、必ずそれを察して、声をかけてくれる。そういう心地よさを、こちらの常連さんなら、みなさんご存じだろう。だからこそ、制約のかかる営業中には逆に、店に対して気を遣う。店を思いやる。そういう光景が見られたといいます。

「僕が前へ行くと、お客さんのほうで、すぐにマスクをしてくださる。私の健康を気遣い、店に迷惑をかけないようにと配慮してくださる。本当にありがたかった。そういうお客様がいると、店全体、みなさんがそうなるんですよ」

コロナ禍は、店にとっても、客にとっても初めての経験。この事態に対応するスタンスも人それぞれです。中には客なのだから多少のわがままは許せ、という人がいるかもしれない。けれど、だからこそ、お互いを思いやる心が大事。酒場という場に集まるとき、その場を思いやり、守るのは、店側だけでなく、むしろ、客側の配慮なの

サンルーカル・バー

でしょう。そんなことを思わせるエピソードを新橋さんが語ってくれました。

「今回の緊急事態宣言の直前の3週間だけ開けた時は、2名まで、時間は90分という制限がありましたよね。うちはもともと2名までと謳っていたので人数については変わりなかったのですが、90分制限はどうかと思っていた。でも、みなさん、きちっと守ってくださった。感染対策で席数も少なくしていますから、満席のところに次のお客さんが来てしまったときなど、『この席、空けるよ』と言ってスッと立ってくださる方がいる。また別のお客さんは、『俺はそろそろ90分になるから』って、入店から70分くらいの段階でお会計をして最後の1杯を飲み、90分という時間内に帰られる。みなさんに気を遣っていただき、本当にありがたかったです」

酒や酒肴の味、値段、接客や店の人の人柄など、人が酒場を語るときには、いろいろな観点がある。しかし、酒好きたちでさえ忘れがちなのが、客側のこと。店をつくるのは、客でもあるということなのかもしれない。「サンルーカル・バー」は、そういうお客さんに愛されているのです。

僕らにとって一番辛いのは、忘れられてしまうこと

新橋さんは休みの期間を経て、この先に向けてどんなことを思うのでしょう。

「理容師の友だちがいるんです。僕と同じころに修業して、今は店を持っている。その人と電話したときに『今、僕らが踏ん張らないといけない』という話になったんです。飲食の世界が、これだけ感染対策のことで叩かれてしまうと、新しい担い手がいなくなってしまうのではないかと不安です。理美容のほうでもこれから優秀な若手を育てるためには、今、僕らの世代が頑張らないといけない。僕たちの若い頃は、上田（師匠の上田和男さん）たちがバーテンダーの地位向上を目指そうと頑張っていた。そういう時期があったから、僕らは今、バーテンダーの地位が低いなんて思うことはないし、みんな誇りをもって仕事をしている。先輩方が誇りをもってやってきたからこそ、今がある。だけど、そこにコロナという全然種類の違う力が働いた。そのことで業界自体が衰退してしまってはいけないと思うんです。だから僕らの世代が、何がなんでも生き残る。偉そうなこと言えるアレじゃないけど（笑）、そんなことも考えています」

熱い思いを胸に、新橋さんは、来るべき再開の日、再会のひとときを待っている。

「僕らにとって一番辛いのは、忘れられてしまうことです。お客さんからの信用を失わずにいられるかどうかが大事。でも、そこは、自分が今までやってきたことを信じたい。まずは、通常の営業に戻った時に、きちんと対応できるようにしたいですね。その上で思うのは、この先はコロナだけじゃないかもしれないということです。疫病や天災、僕らが想像できない事態が起こるかもしれない。けれど、そんな中でも、いつも、約束通り開いてるってことが重要だと思います。上田の言葉ですけど、開店時間はお客さんとの約束です。うちの場合なら、14時オープンだから、14時1分に開けたら、それは約束破り。そういったことを真面目に考え、淡々と続けていける店であったらいい。こうありたいとか、これが当たり前っていうのが、実は一番難しいんですよ（笑）。でも、僕は、それを続けられるようなバーテンダーになりたいって思います」

この道31年のベテランの言葉には張りがあり、初々しささえ感じさせます。「サンルーカル・バー」の最大の魅力は、そう、この、すっきり晴れわたった、青空のような爽快さにあるのかもしれません。

サンルーカル・バー

【住所】東京都新宿区神楽坂6-43 K's Place102 【電話番号】03-6228-1232
【営業時間】14：00〜22：00（L.O.）【定休日】月曜 【アクセス】東京メトロ「神楽坂駅」1a出口よりすぐ

みんなの記憶から忘れ去られないように、
今、頑張らなくちゃ

まるます家

赤羽

父だけが、コロナは1年じゃ収まらない、ここは原点に帰ろうと言った

〝赤羽といえばここ〟と、多くの呑ん兵衛が太鼓判を押してくれるであろう名店、「まるます家」にお邪魔をいたします。昭和25年創業の老舗は、今、コロナ禍という未曽有の危機に、どう立ち向かっているのでしょうか。お話を伺いましたのは、二代目ご主人の石渡勝利さんと、長女で総務・広報担当の松島和子さん。総本店2階のお座敷で話はスタートします。

和子さん「緊急事態宣言が出た去年（2020年）の4月から店を閉めて、再開したのは10月でした。それから営業時間を短くし、2階のお座敷は閉めて、1階だけで、席の間隔を開けて営業をしてきました。そして、今年（2021年）の4月25日からは店内営業はやめて、テイクアウトのみにしています」

昭和30年に建った現在の本店は、四辻の角にデンと構える、風格ある2階家だ。コの字のカウンターがふたつに、テーブル席もある1階と、大きな座敷になっている2階を合わせて、コロナ前までは、もっとも多くて80名の客を一度にもてなした。コロナ禍に入り、1階のみで営業していた時期には多くて30名。時短営業に加えて、席数も大幅に絞ることになった。

和子さん「お客さんとお客さんの間にアクリル板を立てました。入店時には検温と手

の消毒。お帰りになった後は、テーブルも椅子もアクリル板もすべて消毒してから次のお客様に備えますから、1階が満席だったときと同じくらいか、むしろ、もう少し余計に手間がかかったかもしれません。それでも、なんとか営業ができた。今年の春になって、ゴールデンウィークあたりから忙しくなると期待していた矢先に、再度の緊急事態宣言でした」

1年前と同じところへ戻ってしまった。これではラチがあかない。感染症はいよいよ拡大し、無理をしたところで、店にも、お客さんにもリスクになってしまう。人と人が集うのはダメ、というのが、やっかいなところです。ここは、行政の指示に従い感染をどうにかして抑えてくれることに期待するしかないわけです。

「私も、妹たち（ふたりの妹さんも一緒に店を切り盛りしておられます）も、去年、コロナが騒ぎになった当初は、数ヶ月で終わるだろうと思っていたんです。でも、父だけが、1年じゃ収まらないぞ、ここは原点に帰ろうと言ったんですね」

父親の勝利さんは、店の二代目。昭和18年生まれで、昭和25年の「まるます家」創業の年に小学1年生だった。警察、消防、国鉄、印刷会社、ガラス工場、タクシー乗務員に、夜の商売の人々など、朝、仕事が終わる人のために早朝から店を開け、酒を出し、肴を出した「まるます家」の空気を吸って成長し、後に経営もしてきた。今回のコロナ禍に何を思ったのでしょうか。

勝利さん「私は多いときには30人からの従業員と一緒に働いてきましたが、でも今は、そういう時代ではなくなった。１００年、２００年と続く店はみな内々でやっている。家族でやっている。だからこの店も、内々だけでやれる範囲でやることにしようと、そう思ったんですよ」

和子さん「今年の6月にいったん緊急事態宣言が解除になったときも、家族で店内営業再開の相談をしたのですが、父は、反対でした。オリンピックが終わるまで、先行きはわからないし、たぶん今より悪くなるから、中途半端に再開しないほうがいい。そう言ったんです。それで営業再開はせず、結局、4月から今まで、テイクアウトのみにしてきました」

勝利さんは両親が苦労して店を大きくしていった時代を目の当たりにしている。20円のイカフライで、1杯20円の焼酎を2杯飲む。それを楽しみにしているお客さんを大事にした先代が、鯉料理に目をつけ、また、高級食材である鰻を商売の核として店を繁栄させた一部始終を学んでいる。高度経済成長期もオイルショックも、バブル景気もその後の大不況も、みんな、この「まるます家」で経験し、記憶にしっかりととどめてきた。そうした経験値から、勝利さんは、商売の先行きを、読むのです。

勝利さん「先代の頃だよ。日本酒を裸瓶で売っていたの。ガラス製で、正味で1合入ってるのが外からちゃんとわかる瓶ね。あれで、お客さんはひとり3合くらい飲む。

昭和25年創業
まるます家
まるます家
まるます家
御商談に
御家族づれに
鯉とうなぎのまるます家
YEBISU
かしら屋
うなぎ弁当
2,500円
3,000円
お持ち帰りできます

それでね、1日に400人くらい客が来たんだな。あのときは日本酒を1石売った。1石ってのは、10斗だ。100升。1升瓶で100本だよ。つまみは塩昆布とか塩豆なんかも用意して酒だけ飲みたい人も満足させる。先代は呑ん兵衛の気持ちがわかる人だった。人の思いとか、街中のこと、色街のことまで、全部父親から学んだな」

そんな勝利さんは、先代が亡くなると二代目として店を経営した。鰻や鯉をさばいたり、店番もすれば洗い場にも立った。そうして、本店のみならず宴会場も開き、商売をさらに繁盛させるが、難しい時代もあったといいます。

勝利さん「バブル絶頂期は、みんな高級店へ行くからウチは暇だった。売上も落ちてね。ただ、酒場の売上が落ちても、鰻でカバーできた。鰻を一生懸命やっておいてよかった（笑）。そしてバブル崩壊後は、客が戻ってきました。会社の経費じゃなく自分の小遣いで若い人に奢らないといけない人がやってくる。バブルを経験して、舌が肥えてるから、下手なものを出せない、いいものを出さなくては、と考えました」

たとえ利幅が薄くても、いいものを出す。それが「まるます家」の方針だ。「まるます家」の鰻は、かば焼きなら大きさによって2300円と2800円。お弁当にしても2600円と3100円。安いのである。テイクアウトメニューには、カブト焼き、肝焼きのほか、鯉のあらい、鯉のうま煮、牛筋煮込み、たぬき豆腐、ジャンボメンチカツ、なまずの唐揚げ、イカフライに里芋の唐揚げなどなど、日ごろ、店内で楽しめる品を用意していて、いずれも、懐にやさしいのです。そして、うまいのです。

大変な時期も、鰻によって救われた

近年、鰻の仕入れ値が上がっている。けれど、「まるます家」は値上げをしない。他所が高い値段をつけなくては回らないとしても、うちはその分、お客さんに還元しよう。うまい鰻を安く食べてもらおう。利幅は減っても、その分、数を売ればいい――。創業71年の老舗には、お客さんに感謝する気持ちが、受け継がれています。お客さんで儲けよう、とは思わない。

和子さん 「祖父母や両親、その時代に店にかかわった先輩たちが残してくれたものをしっかり受け継がないといけないと思っています。だから今は、お酒を出せないなら、店頭販売で頑張るしかないと思います。そこでも、やっぱり、鰻によって救われたところはありますね。あと、コロナの少し前から、Twitterをちゃんとやらなきゃって思っていたんですけど、その頃のフォロワーが3000人で、今は、コツコツと情報発信していたら、6000人くらいになりました。興味を持ってくださる方はいらっしゃるんですね。だから、みんなの記憶から忘れ去られないように頑張らなくちゃと思っています。出かけても店内で飲めないんじゃしょうがないと思われちゃうのは、

愛知三河一色産
新仔うなぎ入荷しました。
店内休業中
感染防止徹底宣言
新型コロナウイルス感染拡大防止中
徹底点検済
店内営業休止延長のお知らせ
毎度ご愛顧賜りありがとうございます。緊急事態宣言発令により引き続き店内営業をお休みします。ご不便をお掛けし申し訳ございません。店頭販売は引き続き行います。宜しくお願い致します。期間 7月12日～8月31日まで。
令和3年7月 まるます家店主
店内休業

まるます家

ちょっとねえ。でも、週末などに、手土産をもって様子を見に来て下さるお客様もいらっしゃるんです」

これぞ本物の常連と思える見上げたお客さんのことを、和子さんは教えてくれました。

和子さん「普段は、ジャン酎（註：アサヒのハイリキ・プレーン1リットル瓶。ジャンボな酎ハイの略）とおつまみ1、2品という常連の兄さんがいるんですけど、店内営業を休むようになってからは週末に来て、鰻を買ってくれる。それなりの値段ですから、たいへんじゃないかなと思って聞いたら、『毎週ここで飲んでた金額を考えたら全然大したことないから』って、そんなふうに言ってくださったんですよ。ああ、本当にありがたいなって、思います」

これこそ、本当の意味で、お客さんの鑑ではないでしょうか。和子さんが続けます。

和子さん「電車賃を使ってわざわざ買いに来てくれる人もいらっしゃる。そういうお客さんに、何をお返しできるかなと考えて、元気でいらっしゃいますか、最近どうですか、って、普段飲みに来ていて顔のわかる人には声をかけて会話をするようにしています。今できることは、そうやって、関係をつないでいくこと。それしかないなと思います」

私たちが訪ねた日は、２０２１年8月15日。終戦の日でしたが、1階の店頭販売コ

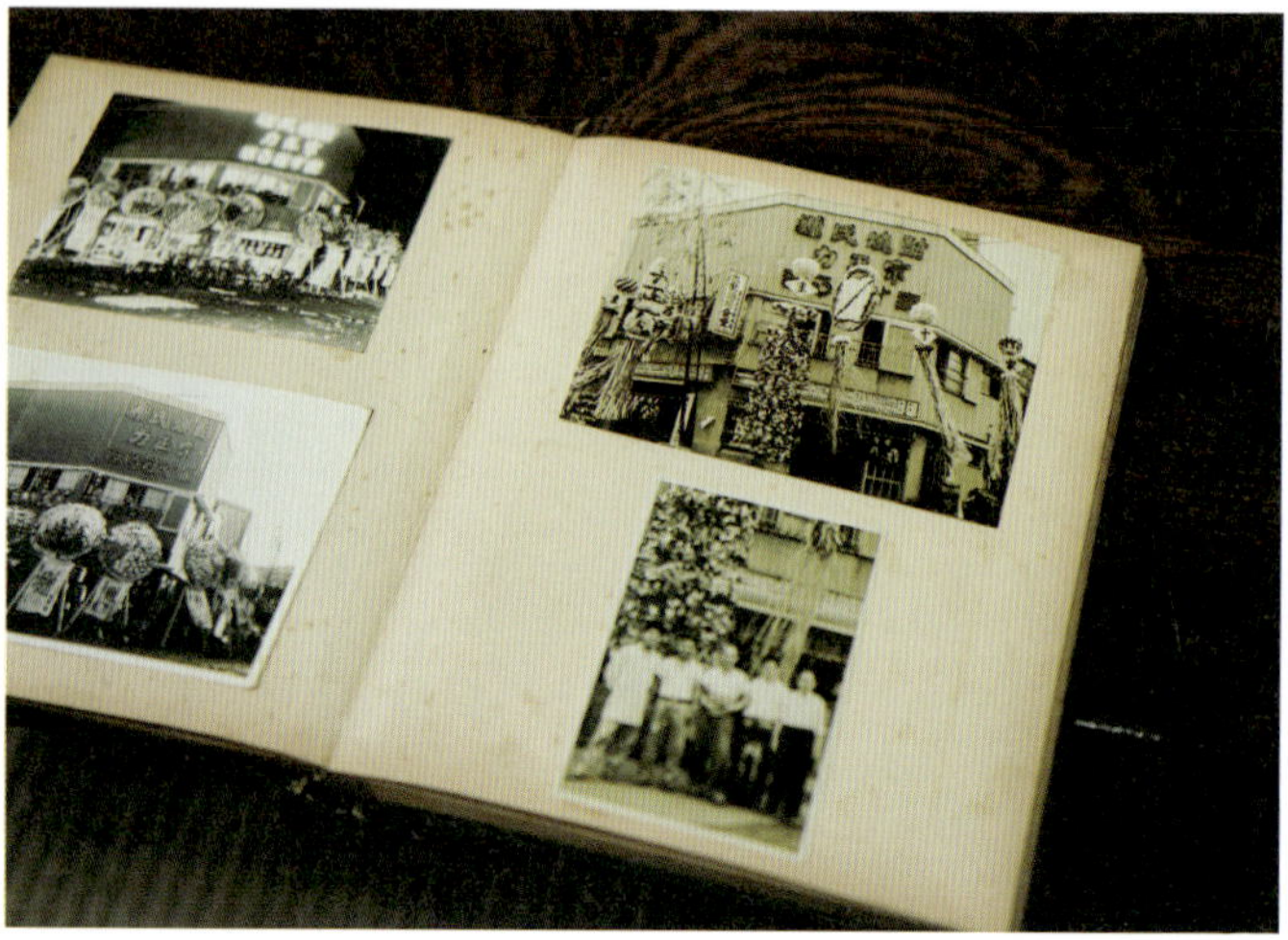

ーナーには、お客さんの姿が絶えません。ひとり去ったかと思うと、また次のお客さんが来る。そんな感じです。
店には二代目の石渡勝利さん、奥様の宏子さん、長女の松島和子さん、次女の石渡利子さんと夫の博幸さん、おふたりのご長男の龍之介さん、そして三女の塩川玲子さんが勢ぞろいしてくれました。店の内外に、鰻のいい匂いが流れている。けれど、店内カウンターにはひとりの客の姿もなし。
このまま1杯やりたい。ジャンボメンチカツをつまみにジャン酎でもいいし、鰻のかば焼きで日本酒というのも捨てがたい。店のみなさんの笑顔も最高だ。ああ、一刻も早く、このカウンターで飲みたい——。そんな気持ちがふつふつと湧いてきます。

再開の日に、お客さんを何と言って迎えるか。最後に聞いてみました。

利子さん「去年の10月に開けたときは、『お待たせしました』って感じでしたけど」

和子さん「そうそう。今年はなんだろう。『忘れないでいてくれて、ありがとう！』かな」

利子さん「『覚えてますかー？』って。そんな感じ？（笑）」

いいですねえ、底抜けに明るい。今から再開が待ち遠しい。訪れる側とて最初のひと言は大事でしょう。ここはもう、噛まずにしっかり声を張って言いたいものです。

「営業再開、おめでとうございます。これからもよろしくお願いします！」

これで、決まり。あとは、飲むべし、食らうべし――。再開の日よ、早く来い！

◇◇◇◇◇◇◇◇◇◇◇◇

まるます家

【住所】東京都北区赤羽1-17-7【電話番号】03-3902-5614

【営業時間】11:00～19:00（L.O.18:30）【定休日】月曜、祝日の際は翌日、月に一度連休有

【アクセス】JR「赤羽駅」より徒歩3分

淋しいときに、ふらっと寄れる。
いつだって開いてるのが酒場だから

煮込みや まる。
二代目鳥七

荻窪

お酒がなくても、いつものように来てくれるお客さんはいらっしゃるんです

いつ終わるともわからない自粛生活を続けること、早1年と5ヶ月。酒の提供停止を要請された酒場の人たちはどうしているのか。酒好きならば誰でも気になる。ふとした拍子に、頭をよぎる。しかしながら、自粛が長引くほどに呑ん兵衛の行動範囲は狭まり、日ごろふらりと立ち寄っていたあの店この店にも、気がつけば長いご無沙汰。

このたび訪れましたのは荻窪駅の南口です。仲通り商店街を入り、コーヒーショップの角に、左へ入る路地がある。駅前の一等地に、まだこんな一角が残っているのか。そんなことを思いながら進むと1階が店舗、2階は住居という懐かしいタイプの建物が見えてきます。そこに、「煮込みや まる。」と「二代目鳥七」という酒場があります。

店名のとおり、「煮込みや まる。」は、煮込みを酒肴の中心に据えた酒場です。塩味のモツ煮、味噌味の牛スジ煮、醬油味の肉豆腐や、湯豆腐など、季節に応じてうまい煮込みを常時3種類ほど用意している。ほかにも、たとえば柿の白和え、わけぎと油揚げのヌタ、ガツポン酢に豚汁などなど、おいしい酒肴で楽しませてくれます。

こちらを切り盛りするのは女将の秋長喜実子さん、常連さんたちから〝あっきー〟と呼ばれています。あっきーは日本酒にも焼酎にも詳しいし、試飲の機会を逃さず勉

煮込みや まる。　二代目鳥七

強してつまみとの相性も心得ている。だから、ゆっくり腰を落ち着け、3杯、4杯と好きな酒を味わいたい。そんなことを思わせる店なのです。

さて、酒を提供できないこの状況。どうしているのでしょうか。伺いましたのは2021年8月14日の午後。店の前まで行ってわかったのは、時短で、しかもノンアルコールで、営業をしていることでした。やっているんですね……。そう、声をかけると、あっきーはにこりと笑って言いました。

「やってるんです。ウチはずっと、要請どおりに(笑)」

さすがだ。これだけで感服した。昨年(2020年)4月の最初の緊急事態宣言のときから、どうやら、腹は据わっていたようなのです。と、いうのも……。

「出産直後だったから、かえってよかったなと。不安はありましたけど、一律の協力金もあって、なんとか暮らせるくらいはいただいていたから、とりあえず流れに合わせてやっていくしかないかなと。逆に、子供といる時間が増えて、それはそれで大事なことでした。8時に終わると、子供たちが寝る時間に間に合うんです。子供たちは喜んでくれました」

実はこのとき生まれたのが、3人目。あっきーは現在、4歳、2歳、1歳の男の子のお母さんなのです。その後も、3人の子育てとお店を両立させながら、コロナ禍にも対応してきた。

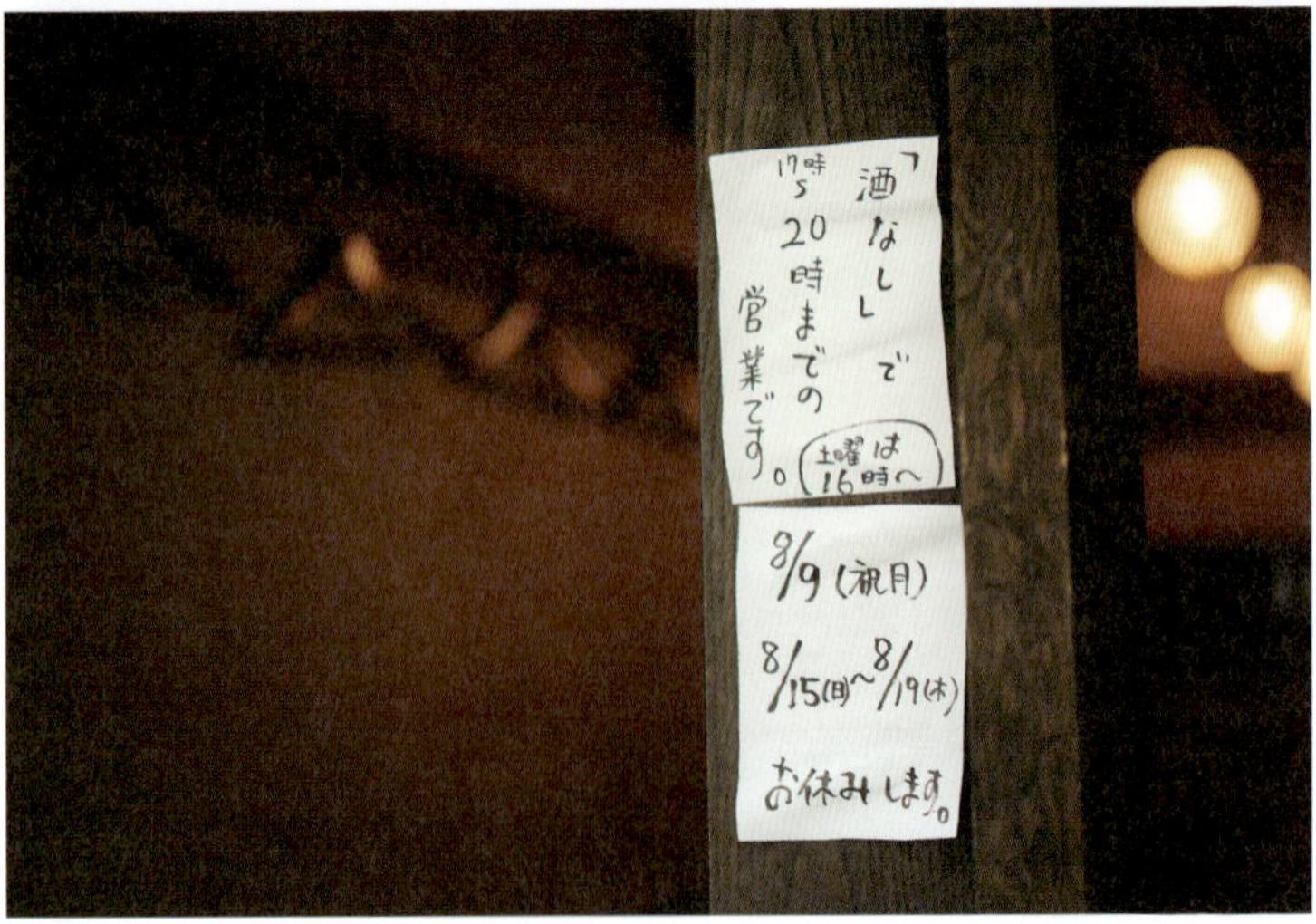

煮込みや まる。　二代目鳥七

「10時まで営業できた期間には、お客さんもここぞとばかり飲んでくださいました。その状況が続けばよかったのですが、今年に入ってからまた緊急事態宣言で営業時間が短くなって、4月末からはとうとうお酒が出せなくなってしまって。でもこのときは、酒なし営業でどうなるか、イベント感覚でしたね。お客さんも心配して訪ねてくれましたしね。それから6月に少しお酒を出せる期間があって、また7月から提供禁止。今は、静かに営業を続けています」

ここでは、たとえひとりで来ても、あっきーを介していろんな話題に入ったり、そばで聞いたりしている間に、隣り合わせたお客さん同士が親しみを持ち、和む。もちろん、みなさんの手にはいつも好みの酒がある。酒が緊張をほどき、潤滑油になり緩衝材になって、人々は、他愛のない話をしながら「煮込みや　まる。」に憩うのだ。そんな、酒場らしい酒場に酒がない。そのとき、お客さんたちはどうするのか、あっきーは何を思うのか。

「お酒がなくても、いつものように来てくれるお客さんはいらっしゃるんです。ご飯を食べるのでもなく、1品か2品、好きなおつまみを食べて、ノンアルコールの飲み物を飲んで帰るんです。私自身も、酒なしでどうやったらお客さんを楽しませることができるかといろいろ考えていたんですけど、いつも来ていただける人は、以前と変わらないです。酒類提供禁止はいつまで続くかとか、オリンピックのこととか、話題もいつもと変わらない。ノンアルコールビールもジョッキで出すんですが、お客さんは生ビールって注文する（笑）。まだ肌寒いような時期には、お茶をお燗したこともあります。徳利でつけて、とっとっとっとって（笑）。玄米茶をお猪口に入れて、ああ、熟成酒だあ！って（笑）」

いい話です。筆者もそこにいたかったと思わせる、やさしい、いいお客さんと店との関係ですね。あっきーは続けます。

「酒場は開いてないとダメなのかな、と思いました。開けてナンボ（笑）。ふらっと立ち寄るのが酒場だから、もちろん酒はあったほうがいいけど、あ、寄りたいなとお客さんが思ったときに開いてないと、ウチに来る習慣がなくなっちゃう。その習慣さえ残れば、今はまったく売上は上がりませんけど、今後、酒を出せるようになったときに、みなさん、ごく普通に戻ってきてもらえるんじゃないかな。1日誰とも顔を合わせていないとか。ひと言も言葉を交わしていないとか。そういう淋しいとき、ふらっと寄れる。それが酒場なのかな。そんなふうに思っています」

酒場という言葉の〝場〟の部分が、今、試されているのかもしれない。

「今日、お客さん、ひとりも来なかったらどうしようって、毎日考えますよ」

これから秋が来て、やがて冬が来る。あっきーのつけた燗酒を味わいながら、抜群の煮込みを、早くつつきたい。予約なんかなくても、ひとりで初めてであっても、入りやすいし、快く迎えてくれる。それが「煮込みや まる。」だ。暖かくておいしい夜を過ごせる日は、もう、そう遠くないはずだ。

早く、焼鳥、やりたいんです

さて、いきなりですが、お隣へ移動をいたします。負けず劣らずシブい構えの「二代目鳥七」という、焼鳥屋さんだ。ここの主は、伊藤健《いとうたける》さん。二代目と店名にありますが、かつてここにあった焼鳥店の血縁とかお弟子さんというわけではなくて、この店舗を譲り受けたため〝二代目〟としたのです。

そして、驚くべきことなのですが、伊藤さんは、お隣のあっきー、いや、喜実子さんの旦那さん、つまり3人の男の子のお父さんなのです。

カウンターだけの小さな店。そこを伊藤さんはひとりで切り盛りする。仕入れから、酒肴の仕込み、焼鳥の串打ちなど、ひとりで済ませると、ゆっくりする暇もなく、午後3時に開店するという。明るいうちから冷たいビールでうまい焼鳥……、なんとも、ありがたい店なのです。この路地の常連さんの中には、早い時刻に「二代目鳥七」で飲み始め、夕刻以降に隣の「煮込みや まる。」に河岸を変えるなんて、ぜいたくな方もいらっしゃるそうです。

「お酒の提供ができなくなるまでは、時短で営業していたんですが、提供禁止になってからは休業しています。生ものを仕込みますので、余ると翌日には使えませんから」

どこぞのナニソレ地鶏なんですよ、というような話はないが、こちらで食べさせてくれる焼鳥はうまい。レバーや、ハツ、皮、もも。さらに、注文を受けてから串に巻き付けるようにして成形するつくねは、胸肉を混ぜず、もも肉だけでつくる絶品だ。路地が見える窓の下に据えられた焼き台に向かってしまうと、客はもう、店主の背中なり横顔を見るしかないが、たとえば夕方の4時ごろ、まだ陽の残る外と、薄暗い店内の光量の違いを楽しみながらの燗酒も、格別な味がする

ものです。

しかし、今は、休業。伊藤さんはどんな身のかわし方をしているのか。

「酒が出せたときには、テレワークの人が増えたからか、早い時間のお客さんは増えたんですが、今やることは、掃除くらいですね。ときどき、店の掃除をしていると、通りかかった近所の常連さんが、元気？　って声をかけてくれるんです。ホッとしますすね」

お子さんたちは保育園に通っているが、夜は奥さんが「煮込みや まる。」の営業に入る。必然的にお子さんの対応は伊藤さんの仕事になる。

「以前から、家のことと店のこと、両方ありましたけど、今は店はお休みで暇ですからね。運転免許、とりました（笑）。

正直に言って、焼鳥の焼き方忘れるんじゃないかって、思いました。だから、家族でバーベキューをしたときは自分で串を打って、焼きました。腕がなまるからって(笑)」

伊藤さんの口調は穏やかです。不平も言わないし、言葉が感情的になることもない。

「休んでいると、いろいろ考えます。やってみたい一品料理のこととか。でも、焼鳥以外にそれをちゃんとひとりでやり切れるかが、わからない。試しにお客さんに出してみて感想を聞くことも今はできないから、実際のオペレーションをどうしたらいいか、やってみないとわからないんです。たとえば揚げ物にしても、焼鳥をやりながら、注文に応じて手は足りるのか。そんなことを、よく考えています」

営業できないのだから、こんなときこそ、ゆっくりしよう。そういう考え方もあるでしょう。しかし、伊藤さんも、奥さんのあっきーも、そんなふうには考えない。ただでさえ忙しい3人の子育てをしっかりやりながら、やはり仕事が頭から離れない。それは、「煮込みや まる。」と「二代目鳥七」が、いつ、通常営業に戻っても以前とまるで変わらずに客を楽しませる店であることを、すでにして証明しているのかもしれない。

「早く、焼鳥、やりたいんです」

言葉数の多くない伊藤さんのひと言は、「今日、お客さん、ひとりも来なかったらどうしよう」というあっきーの思いとも響き合う。

こういう酒場を守りたいなどと客の立場で言ってはおこがましいけれど、好きな酒場に想いを寄せることは、こんな時代にはとても大事なことのような気がします。

煮込みや まる。

【住所】東京都杉並区荻窪5-29-6【電話番号】03-3398-8708
【営業時間】17:00~21:00、土曜は16:00~【定休日】日曜【アクセス】JR・東京メトロ「荻窪駅」より徒歩3分

二代目鳥七

【住所】東京都杉並区荻窪5-29-6【電話番号】050-5896-7999
【営業時間】16:00~22:00(L.O.)【定休日】日曜 祝日【アクセス】JR・東京メトロ「荻窪駅」より徒歩3分

ビール（大）一本 六〇〇
ウイスキー一杯 六〇〇

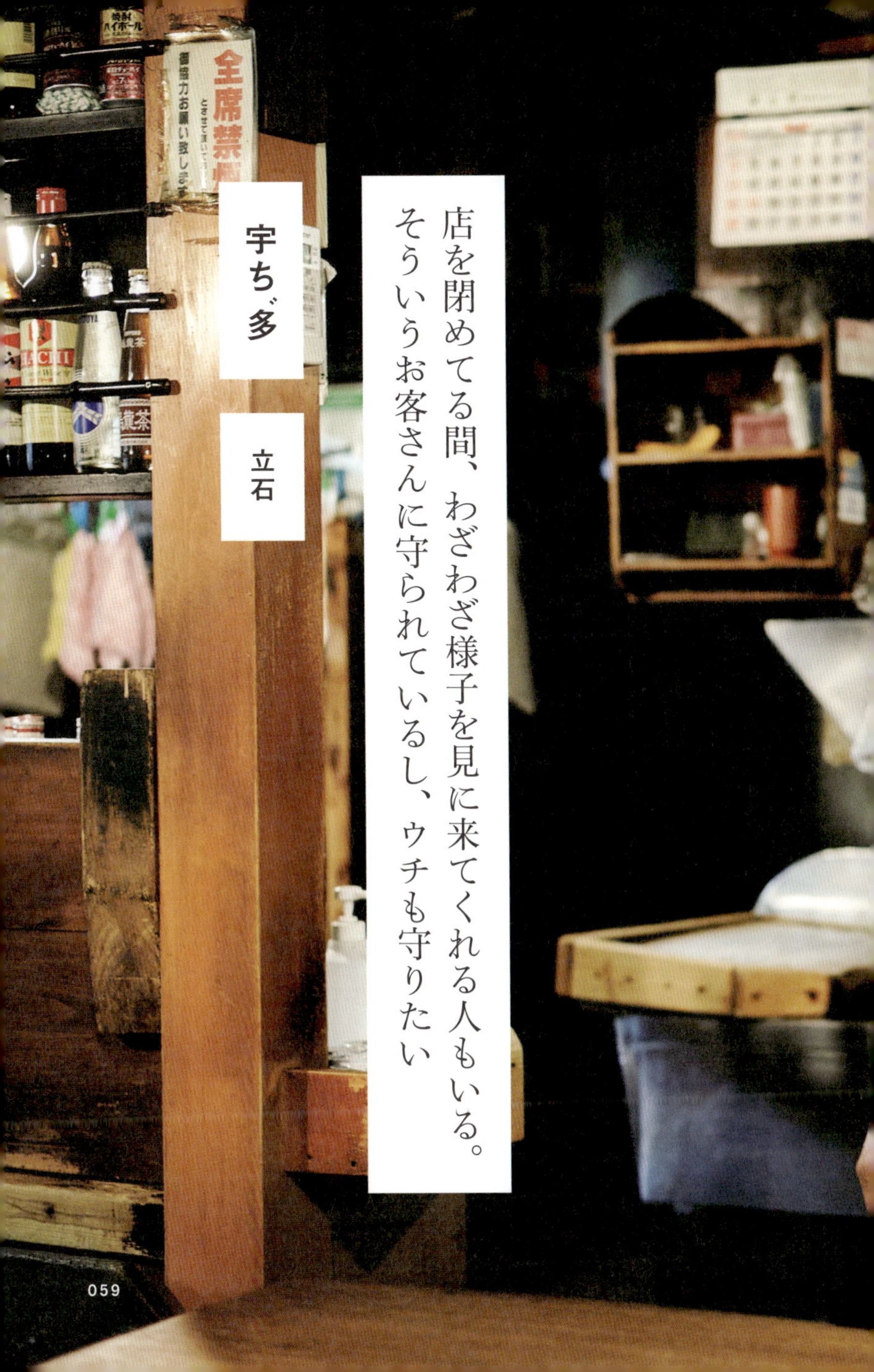

宇ち多゛

立石

店を閉めてる間、わざわざ様子を見に来てくれる人もいる。
そういうお客さんに守られているし、ウチも守りたい

あまり言いたくないけど、なぜ酒だけが、という思いはありました

葛飾区立石は、多くの酒好きたちに愛される街。京成線の各駅停車だけがとまる小さな駅を中心とした、ごく小さな街だ。けれど、ここには実に多くの飲み屋があり、ただ数が多いだけではなく、強い個性を放つ店も少なくない。一度訪れたらきっとまた行きたくなる。そんな立石の中にあって、「立石といえばあそこでしょう」と、真っ先に名前が挙がるのが、煮込みともつ焼きの名店「宇ち〞多」です。

昭和21年創業の老舗には、連日、開店前から行列ができる。しかし今、その名店にも、酒類提供自粛要請が出ている。この苦境にあって、何を思うのか。

「宇ち〞多」の創業者は現在店を切り盛りする内田《うちだ》朋一郎《ともいちろう》さんの祖父で、もとはフレンチの料理人であった。創業当初は串に打った煮込みとカストリ焼酎を屋台で販売していたという。その後、立石仲見世商店街に店舗を構え、以来、選りすぐりのもつと煮込みで客を魅了してきました。

もつ焼きを注文するときは、レバ、ハツ、アブラ（頬）、ガツ（胃）、カシラ（頭）と、まず部位を言い、続けて塩、タレ、素焼き、味噌と味を言い、軽めに焼くならわか焼き、こんがりとしっかり焼くならよく焼きと指定もできる。たとえば「レバたれよく焼き」。こんな具合。1皿2本が基本で、〝素焼き〟は文字通り素焼きにしたもつに、

醤油をかけたもの。お好みで酢をかけることもできる。〞味噌〞は、味噌だれにつけて焼くのではなく、うす塩焼きした具に煮込みの汁をかけたものだ。

ここまででも、数多あるもつ焼き屋さんとは趣を異にしているのですが、さらに、〞生〞がある。厳密にいうとボイルだが、この店でボイルと呼ぶのはレバのこと。他の、シロやハツなどのもつ焼きの具に加えタン（舌）、コブクロ（子宮）、テッポウ（直腸）などをボイルしたものを、〞生〞と呼び習わす。

「宇ち〞多」のもう一つの看板が、煮込み。シロ、ガツ、アブラ、フワ（肺）、ハツモト（大動脈）など、いろいろな部位を煮込んであって、しかも野菜類は入っていない。こってり濃厚なもつ煮込みだ。通い慣れると、アブラやハツモトが多めの〞白いとこ〞や、フワが多めの〞黒いとこ〞など、自分の好みを伝えて、選り分けてもらう人もいる。

なかなか、難しい。しかし、それがまた、たまらない魅力なのだ。常連たちが通いつめ、インターネットのない時代から口伝えで「宇ち〞多」が広まったのは、この店のうまさにあることは間違いないだろう。

さて、訪れたのは２０２１年８月20日です。４月25日に始まった酒類の提供禁止は、6月21日からわずか３週間だけ一部解禁となり、その後、７月12日から８月末までまた禁止とされていたが、それも延長されそうな雲行きのときだった。酒の提供ができない間、「宇ち〝多」は店を閉めている。

「中には協力金バブルなんて言われている店もあるみたいだけど、従業員がいて、地代、テナント料、その他固定費がかかるところはやってられない。すごく儲かっている店なら別だけどさ。ウチもお客さんが並んでいるから儲かってるだろうと思われるかもしれないけど、そのとき、そのときで還元してるし、単価が安いからね」

午後2時には開店する「宇ち〝多」だが、店の前には開店前から行列ができる。1時間も2時間も待って、入店して飲み食いするのは30分から長くて1時間。そうして席を空けないと、次に並ぶお客さんに順番が回らない。それほどの人気店だけれど、煮込みともつ焼き（1皿2本）は250円。宝焼酎に梅シロップをたらした〝梅割り〟も1杯250円と安い。儲け主義ではない。感染対策で席を間引くといっても、限度もあるとのことです。

「基本的には、全部要請どおりにしています。本当はね、取引している業者のためにやらなきゃいけないって気持ちもあるんです。業者は補償されてないから。でも、お土産営業をやったとして、もつ焼きを家に持って帰って食べるのもいいけれど、やっぱり、この裸電球の下で食べて飲むから、でしょ。何でもできたてがうまいし、なにより、自分の肌にあった場所を見つけて飲む。そういうのがあるじゃないですか。店に入ったときに、店の人たちとの距離感とか、店の人たちのもっているマインドとか。

この店、合いそうだなっていう感覚。そういうの、絶対大事なことでね」

「宇ち゛多」は、ひとりひとりのスペースが決して広いわけではない。だから、客は店に入るときから荷物を手前に抱え、カウンターに肘をついたりしないよう、マナーを守る。長い間にこの店の当たり前となった不文律で、守れない人には、ときに朋一郎さんから声が飛ぶ。それを怖いという人もいるかもしれないが、実はしごくもっともな酒場のルールを守ろうよと、呼びかけているだけのことなのだ。注文の仕方がちょっとした符丁のように思えて気が引けても、それも最初のうちだけ。慣れたら、この雰囲気はむしろ居心地がいい。長年、ここを愛する人たちは、店の人が、みんなで楽しく飲める空間を守ろうとしていることを、よく知っている。

「こっちの調子が悪いからって、八つ当たり的に言っているわけじゃないですからね。まあ、たまにもらい事故にあっちゃう人もいるけどね（笑）。でも、ウチの親父は昔から、初めてのお客さんによく言ってるんです。二回目からは、お馴染みさんだよ、って」

そんな「宇ち゛多」に人々はやってきて、列をなして、待つのです。

「みんな、わいわいと、狭いところで飲みたいじゃないですか。ウチの常連さんたちは、来る曜日と時間が決まっていたりするから、外で待っている間にお互いに近況報告してたりするんですすよ。しばらく見なかったけど、そうか入院してたのか。飲めるようになってよかったな、なんてさ。生存確認って言われてるんだから。ウチで30分くらい飲んだ後、駅で待ち合わせて近くの飲み屋に行ってたりね。そういう人たちもいる。お客さんにとってのそういうコミュニティ、大事にしてあげたい。おいしい酒とおいしいつまみと、でもやっぱり、人じゃないですか。喫茶店に通うおじいちゃんやおばあちゃんたちだってそうだと思うよね。人間ってのはやっぱり、みんながつながってないとダメなんだよ。だけど、今、それを分断されてる、我々は……。それは、すごく寂しいんですよ」

酒場が酒を提供できない——。酒を飲んで声高に喋れば感染が広がるから、という理屈だが、人が密集するということでは満員電車も劇場も、スポーツ施設もある。あれこれ数えればきりがない。呑ん兵衛だからそう思うのか。なぜ酒場だけが商売を切するなという極度の締め付けをされるのか、納得できない部分もある。朋一郎さんは、そんな現状を、どう捉えているのか。

「あまり言いたくないけど、なぜ酒だけが、という思いはありました。オリンピックをどうしてもやるというところから逆算しているようにしか見えなかった。政府はテレワークしてくださいって言うけど、電車は満員だし、だいいち、対面販売の人はどうするのよ。モノが売れなきゃお金も回ってこないんだしさ。ウチも実際、従業員もいるし、この先どうなるか心配ですよ。自粛ばかり延びて、協力金は5月の分がまだ

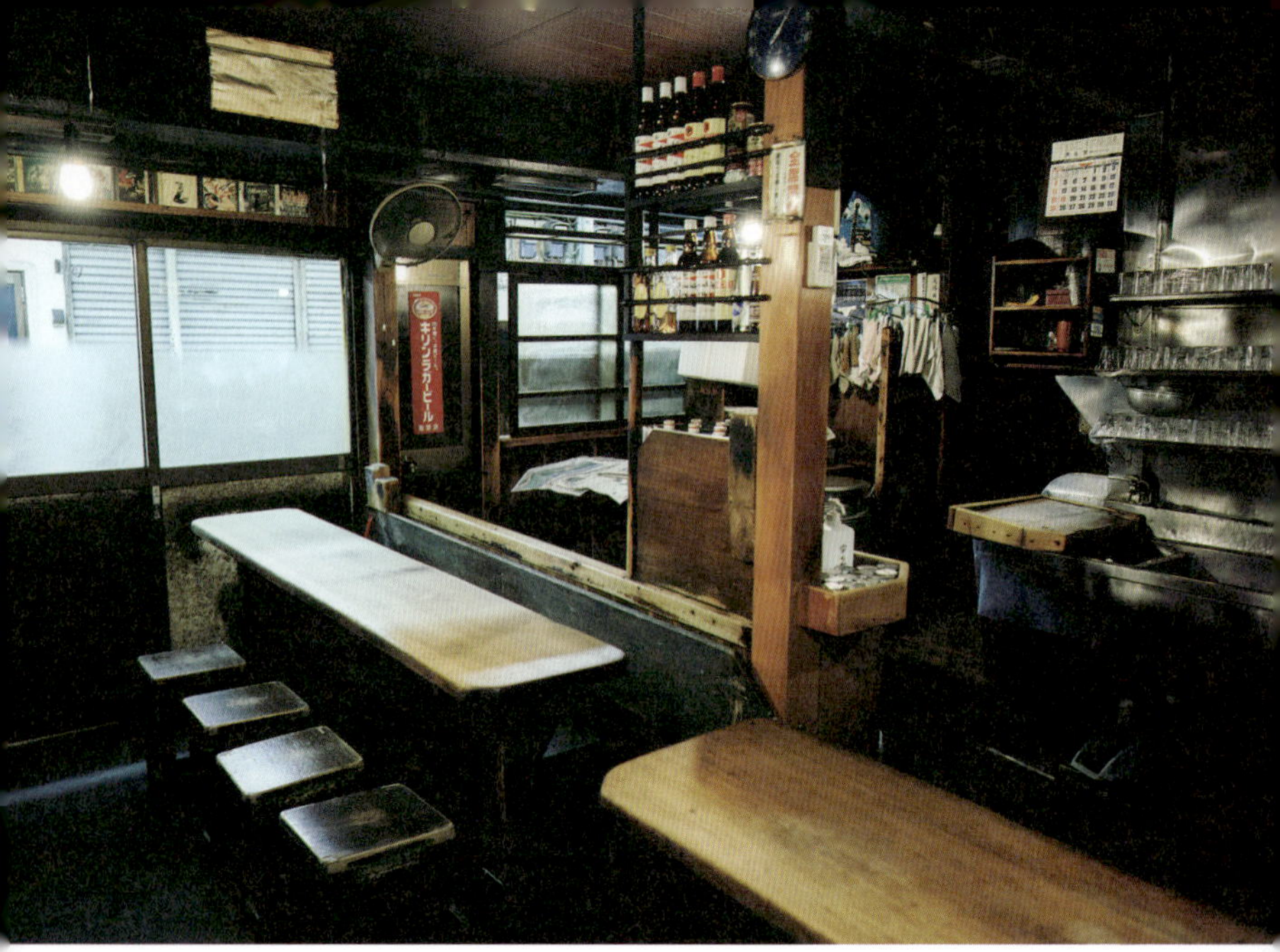

振り込まれていないですからね（2021年8月20日現在）。よそのお店もたいへんだろうなって思います。融資が受けられるっていったって、借りたものは返さないといけないわけですから。じゃあ、自粛が解けるのを待てねえからやっちゃうおうかって言っても、やっぱり、できねえよな、それは。ウチはできないね。偉そうなことは言えないけど、みんなの手本というか、道しるべ。そうじゃないといけないと思うところは、ある。自負はしている。ただ、このままの状態が続いたら、いつかはやらなきゃいけないか、とも思っている。それくらい、現状は深刻かな」

怖いのは、こういう状態に慣れること

朋一郎さんはコロナ前、午前7時半には店に来て、仕込みに入った。開店が午後2時なのだから、そのくらいからの仕事になる。その日常は、今、がらりと姿を変えたはずだ。どうしているのでしょう。

「朝起きたらゴミ出し。ごはん食べた後に銀行や税理士さんのところに行ったりしているうちに午前が終わる。午後は、3時半くらいから『相棒セレクション』を観る。普段は仕事でテレビなんか見られないからね。そういうことをしている合間に店に来て、糠床を掻き混ぜる。で、夕方5時くらいから、中川の土手を1時間半ほどウォーキングして、風呂入ってごはん食べて、プロ野球やってたらそれを観て、あとは、U－NEXTでFBIかCIAの裏切りの映画ばっかり観ている（笑）」

朋一郎さんは事もなげにそう語るのですが、取材している今現在（午後3時すぎ）は、普段なら一巡目のお客さんが引けて二巡目の人たちに代わる頃合いか。夏の午後。外は暑いのだが、店には、朋一郎さんと、取材スタッフ3人しかいない。焼き台に炭は熾きておらず、最大で約40名入るお客さんの姿もない。朋一郎さんが点けてくれたエアコンが効きすぎて、寒いくらいだ。

「怖いのは、こういう状態に慣れること。これが当たり前なんだって、考えが固まっ

ちゃって、じゃあ、どうしたらよくなるかを考えなくなるのが一番怖い。今、ちょっと慣れてきちゃってるんだよ。去年の最初の自粛のときは、どうすれば気持ちを維持できるかを考えていた。でも今は、まだこの先、緊急事態宣言がいつ解除になるかもわからないなかで、オンとオフを自分で切り替えようとしているのかもしれない。そういう術が、悲しいけれど、備わっちゃったのかもしれない。無理やりにでも、ずっと気持ちをキープするのは、難しいよね」

毎日、朝早くから仕込みをし、店を開け、客の対応をしてきた朋一郎さんの、目まぐるしいほどの忙しさは、今、ここにはない。しかし、だからこそ見えてくる風景もあるようです。

「他所の土地から立石へ来て、商店街の総菜屋さんとか漬物屋さんとかで買い物をしてくれる人たちもいるんです。その人が、本当は宇ち゛多さんで1杯飲んでから帰りたかったんだけど、淋しいねって言ってたらしい。ウチが閉めているのを知っているのに、わざわざ様子を見に来てくれているんですよ。ありがたいなって思ってね。そういう人たちに守られているし、ウチも守りたい」

今度、店が開くとき、お客さんはまた並ぶのでしょう。行列に加わりながら、さて、ビールからはじめて梅割りを2杯か3杯を飲もう、と考える。その間に、煮込みとタン生に、アブラかナンコツのタレもいい、なんてことを思い浮かべる。思わず、よだれを流さんばかりに期待する。なにしろ久しぶりなのだ。

そんなお馴染みさんがきっといる。朋一郎さんは彼らに、どんな声をかけるのか。やさしい言葉のひとつもかけるつもりなのでしょうか。

「さらさらないね。こっちがやさしくしていただきたい(笑)。オレはお馴染みさんをいじることがあるけど、そこに愛があるかなってことを、昔からずっと思ってるんです。いじるにも、愛がなかったら成り立たない。愛のある仕込みから始まって、愛のある接客、愛のあるいじり。その波長が合う人とつながっていたい。お互い、幸せじゃないですか、そのほうが」

言葉はきついが、そこに親しみがこもる。そして、朋一郎さんは待っている。私たち酒場好きとの再会の日を、さまざまな想いを胸に、待っているのです。

宇ち多゛

【住所】非公開　【電話番号】非公開
【営業時間】14：00頃～19：30（L.O.）　土曜は10：30頃～　売り切れ仕舞い　【定休日】日曜　祝日
【アクセス】京成押上線「京成立石駅」より徒歩1分

お客さんが自分の店を選んで来てくれることが、何よりの幸せだったんだと気づいた

BAR WOODY

吉祥寺

IRISH WHISKEY
竹鶴
21

カウンター席に座ってバックバーを見上げてね。時間が重たいんです

吉祥寺駅北口から歩いて5、6分。吉祥寺通り沿いのビルの3階に、「BAR WOODY」はあります。この場所に店を開いたのは1999年5月。オーナーバーテンダーの田中雅博さんは、ひとりで切り盛りしてきました。うまい酒を飲ませようという実直な姿勢と、親身になって人の話を聞く人柄が愛されて、地元のみならず、わざわざ電車を乗り継いで訪ねてくれるバー好きのお客さんも少なくない。

しかし今、その居心地のいいバーには、ひとりの客の姿もない。酒の提供禁止は4月25日から6月20日。その後、6月21日から7月11日まで時短営業が解禁されたものの、7月12日からまた酒提供禁止。度々の期間延長の末、9月末までの再延長が決まった。21年と4ヶ月の店の歴史の中で、こんなことはなかった。休業を余儀なくされたオーナーバーテンダーは、今、何を思うのでしょうか。

暑さ、寒さの厳しい季節以外なら、午後3時には通りに面した窓が開いている。1階に入っているパン屋さんの前から見上げると、それとわかる。ビルの狭い階段を上がれば、店の扉も開けてあったりする。店内には気持ちのいい風がかすかに流れる午後3時。通常ならば開店の時刻だが、今は、完全休業中だ。

田中さんは毎日、店に足を運んでいるという。

BAR WOODY

「最初の緊急事態宣言のときから、とにかく生活を変えてはいけないと思っていました。私はこの仕事のわりに朝が早いので毎日10時には店に来ます。営業しているときなら、3時に開けて、ラストオーダーが10時半。閉店は11時です。定休日はないんですよ。不定休でお休みはいただきますが、年間で30日は休まないですね。店を始めて21年とちょっとですが、ずっと」

ぽっかりとできた時間。毎日のリズムを変えないために朝から店へ出た田中さんは何をしていたのでしょう。

「日ごろはそんな時間はないけど、店を休んでいると、とにかく暇です。時間がある。本来なら贅沢なことなんだけれど、どこかへ出かけるわけにもいかない。それで、隅々まで掃除をして、酒のボトルを磨いて。すると、もう、やることがない（笑）。カウンター席に座ってバックバーを見上げてね。時間が重たいんです。昼も夜も簡単なものをここでつくって食べるんですけど、夜なんかは、酒のアテみたいなものをつくってみて、店で出したらどうか、と考えて。カナッペみたいなものとか、ひと口つまみの類ですね」

この店は、酒の店です。軽いつまみは出すが料理まではいかない。それでも田中さんは自家製の燻製をこしらえたり、小腹のすいた客にはホットサンドをつくってくれたりと、気の利いたものを出してくれる。ナッツ類ひとつをとっても、いい加減なものは出さない。酒類提供は午後7時までという条件がついたときには、こんな配慮もした。

「7時までに酒を出し終えて、それを飲んだら8時までに店を出てもらうということですよね。お仕事の後に来ていただけるお客さんは、何も食べずに来ても到着が6時半くらいにはなります。それから大急ぎで飲んで、店を出たとして、8時には飲食店は閉店ですから、外ではもう何も食べられない。だから、あのときには、お蕎麦とかパスタとかさっと茹でて出してました。蕎麦は乾麺ですよ。それを茹でてチューブのわさびと蕎麦つゆでぱっと食べていただく(笑)。気を遣ったお客さんが、来るときに乾麺買ってきてくれたこともあります(笑)」

田中さんは笑って話すが、客は8時に帰ってしまう。3時から開けていても、メインであるウイスキーやカクテルの出る時間帯には、店を閉じなくてはならない。しかし、田中さんが恨み節を口にすることはない。

「緊急事態宣言で休業して、その後で時短になったときには、中央線や井の頭線沿線だけじゃなくて、小田急とか東急のほうの沿線からもお客さんが来てくれました。私らは、お客さんあっての商売。お客さんが自分の店を選んで来てくれることが、何よりの幸せだったんだと気づきましたね。でも、お客さんからしてみたら、次に行ったときに店がなくなっちゃったら困るという思いもあったのかもしれません。実際、コロナをきっかけに、もうテナントとしての賃貸契約の更新をしないことにした同業者とか、ありますからね。ときどき、ふっと、そういうことも考えますよ」

もし、この店をやめたら、オレはどうなるんだろう、って思う

最初の緊急事態宣言から、もう1年と5ヶ月が経とうとしています。今年（2021年）に関して言うと、3回目の緊急事態宣言が発令された4月25日から、今回の緊急事態宣言の終了予定である9月末までの159日のうち、酒場が酒の提供を禁止されたのは138日に及びます。政府は11月には酒場で飲めるようになると言いますが、あてになるのか。総選挙が10月で、11月から酒も飲めます、旅行にも行けますと言われても、本当にそうなんでしょうか。

「先のことは、ちょっと、わからない。相談する人もいませんし。じゃ、酒でも飲むかって、ボトル眺めながら思ったりするんですよ。通常営業の頃は、夜も少し遅くなって常連さんだけになると、私もカウンターの外に出て一緒に飲んだりしていたんですよ。でも、それはやはりお客さんと一緒です。営業中ですから緊張もしている。だから、酒もうまいんでしょうね。だけど、ひとりでここに座って、さて、飲むかと思っても、本当に袋小路に入り込んじゃったみたいでね。酒も、うまくないし。やけ酒

気味になると、ぐいぐい飲めちゃうけど、今度は酔わないしね」

この気持ち、酒好きの人ならわかるはず。酒場好きならきっとわかる話。客からしてみたら、出かけていって飲むからうまい。家で、ひとりで飲んでもつまらない。おいしいカクテルを仮につくることができたとしても、うまくない。バーで飲む酒はなぜ、うまいか。それは、バーで飲むからなのです。

「あまり、タラレバでものを考えないようにしているんですけど、もし、この店をやめたら、オレはどうなるんだろう、って思う」

田中さんは今、59歳。自身もよく飲み、かつ、数々の呑ん兵衛たちをさばいてきた田中さんも、来年は還暦なのです。

「何ができるか。お金をいただける仕事って考えると、実は、今の仕事しかない（笑）」

そう笑いながら田中さんは、今できることをやるだけですとも言う。

「カクテルの練習、研究ですね。たとえばサイドカーというカクテルで、どうしたらもっとブランデーのコクを出せるか、オレンジ感をつよく出せるかを考える。お金をいただいている以上、今でも及第点のカクテルをお出ししているとは思いますが、それでも、なかなか100点はとれない。どうしたら、100点になるか」

なるほど、これがカクテルの研究なのです。ただ、うまい、うまいと言っているだけではわからない努力が、必ずある。田中さんのひと言が、改めて気付かせてくれる。

「うちのハイボール、うまいんですよ」
営業休止中だから出せないが、この店に来るのは初めてという取材スタッフのひとりに、田中さんは冗談交じりに言うのですが、それも日ごろの研究あればこその話です。
店には、ハウスワインならぬ、ハウスウイスキーがあります。ニッカとサントリー。これで水割りやハイボールをつくるのですが、ニッカはブラックニッカをベースにニッカウヰスキーを何種類かブレンド。サントリーの場合は、角をベースに、サントリーウイスキーを何種類かブレンドするという、いずれもオリジナルです。そして、1杯のハイボールを、田中さんは実にていねいにつくる。ああ、これは、普通の「角ハイ」じゃないなと、

角ハイに目のない人にもそう思わせる1杯に、仕上げるのです。

そんな田中さんが今、酒をつくれない。酒を供することを禁じられている。それでも、田中さんは、もう、これ以上は、不安を口にしないのです。

「お客さんからメールをいただくんですよ。おいしい弁当を買っていくから一緒に食べないかとか、お酒はなしだけど、今日は、近くでランチしませんか、とか。嬉しいですよ。本当にありがたい。それから、若い人のほうが、長いメールをくれたりします。お酒飲めないけど、ちょっと顔見に行っていいですか、なんて書いてきて、本当に、わざわざ様子を見に来てくれたり。若いんですよ。平成生まれ。いいですね、平成生まれ（笑）。僕はゴルフも釣りもやらないから、以前から休みの日に何人かで集まることはないんですよ。でもその分だけ、ひとりひとりとの関係が濃いのかもしれない。一対一の関係ですね」

心根のやさしいバーテンダーに、やさしいお客さんがついている。みんなで集って大いに語らうことはできなくても、会えない今も一対一でつながっている。酒場本来の姿なのかもしれません。

来るべき営業再開の日に、どんな言葉をお客さんにかけますか——。そう問うと、田中さんはしばし考えて、こう言った。

「何回も休業したのに、よく来てくれたねって、口をついて出ると思う。会えてうれしいよと。それが本心なんですよ。わざわざ、ここまで、よく来てくれましたね。そう言いたいです」

その日は、友達を、あるいは、弟や妹を、ときには信頼を寄せる先輩を見るときのように、やさしいだろう。ひょっとしたら、薄く、涙を浮かべているかもしれない。

BAR WOODY

【住所】東京都武蔵野市吉祥寺本町1-10-8 山崎ビル3F 【電話番号】0422-22-0860
【営業時間】15：00～22：30（L.O.）【定休日】不定休 【アクセス】JR・京王井の頭線「吉祥寺駅」より徒歩5分

戦争のとき以来なんですよ。
これだけ長い期間、店を閉めたのは

みますや

神田

ますや

お客さんがひとりでも来ていただけるんだったら、ありがたいと思って

東京の居酒屋遺産と称される、神田「みますや」。創業115年の歴史を誇るこの店も、酒を出せない日々に耐えている。コロナ禍は早1年半になるのに、いまだ酒場をはじめとする飲食業界にダメージを与え続け、4月下旬には、酒場に対して酒の提供を停止せよという、信じられない要請も出た。その異常事態は、6月下旬からの20日間の一部解禁期間を経て、9月末まで続く見込みとなっています。

店の歴史、業態、規模にかかわらず、一律に酒の提供を禁じられた酒場は今、どうしているのか。今後に向けて、どう考えるのか。老舗中の老舗「みますや」にお邪魔をし、お話を伺います。

今回、店を代表して取材にご対応をいただいたのは、岡田かおりさん。この店の三代目のご主人である岡田勝孝さんの次女で、お兄さんやお姉さんも一緒に店を守っています。

「うちは、昨年からずっと要請のとおりです。昨年の4月25日から6月半ばまでは完全にお休みして。いったん解除になってから、3週間くらいでまた緊急事態宣言になりましたよね。あのとき、近所の会社の方たちからランチやらないの？　と声をかけていただきまして、どうしようかなと迷いました。でもあのときはランチ営業はしま

みますや

せんでした」

しかしながら居酒屋の名店「みますや」は、実はランチの名店でもある。

「うちは昭和30年代後半からランチをやってきたんですよ。神田には職工さんがたくさんいたんですけど、家庭の主婦も外へ出て働くようになってお弁当を持たせてもらえなくなったらしいですね。そこで、近所で働く職工さんたちからの要望に応えて、ランチを始めたと聞いています。私が幼い頃もまだ小さい印刷や製本などの会社がありましたし、うちとしては、ランチをやることに存在価値があったのかなと思います。だから今回は開けてみることにしました」

ランチ営業の案内プレートには、「焼魚定食、煮魚定食、牛煮込定食、新香、みそ汁、小鉢、色々おかず選べます」、とある。さて、ではそのおかずは何かと思って目を移すと、縄のれんの横に木製の看板がさがっていて、ご飯は大が70円、小が60円と書かれ、その横に、おかず60種類とある。主菜、副菜合わせての数だが、この品数、昼食時に用意するのは並大抵ではないでしょう。夜は居酒屋として、昼は飯屋として、下町・神田に住まい、あるいは集う人たちの、舌と胃袋と心を満足させてきた。明治33年創業の「みますや」の底力を見る思いです。

「コロナ前だと、ランチには120人から130人くらいのお客さんがありました。今はそれが、多くても40人から50人です」

そして今、「みますや」は、ランチのほかに、アルコールなしの時短営業も行っているのです。午後5時開店、7時ラストオーダー、7時45分閉店。居酒屋の名門が酒を出さない。そこには、どんな光景が広がっているのでしょうか。

「ノンアルコールのビール、ハイボール、サワー、カシスオレンジなどをお出ししています。店の入り口でお酒は出さないとお伝えして、そこで帰られる方もいらっしゃいます。それでも入っていただけるのは、昔から来てらっしゃるお得意さんが多いですね。飲み物はノンアルでも、いつも注文するおかずを頼んで、1時間くらいで帰られる。あるお客さんは、肉豆腐や牛煮込み、どじょうの柳川がお好きで、あとは、こはだ酢とか」

どじょうと、馬刺しはこちらの名物。ほかにも食べ尽くせないほどの酒肴がある。ノンアルコールの時短営業中のため、料理のメニューも絞っていますというので、どんなメニューがないのか聞いてみました。すると、かおりさんは壁にかかった木製の品書き札を指さしながら、

「これは、ある。これも、ある。ある、ある、ある、ある、ある……」

刺身の札から指さし確認を始めて、右から左へいくと、やがて焼き魚の札が出てくるのですが、絞っているというわりに、あるのです。

「通常は70から80種類です。今、生ウニとかすごく高くて、お出しできないんですけ

どぜう
みますや

ランチタイム
AM 11:30～PM1:30
焼魚定食
煮魚定食
牛煮込定食
定食
その他各種定食
新香、みそ汁、小鉢付き
色々おかず選べます。
感染防止徹底宣言
感染予防対策を徹底して
時短
営業中
営業時間
11:30
17:00
～
13:30
19:45
酒類のご提供は
休止させていただいております。
居酒屋 みますや

ど、でも数えてみると、けっこうありますね（笑）。やってないのが10品くらいでしょうか」

引き戸を開けて店内に入ると、正面左にテーブル席、右手に小上がり。正面、真ん中の大テーブル。その左手には、広い座敷があって襖もついているから宴会もできる。中央の右手奥に帳場があり、突き当たりが調理場です。ご家族とスタッフを含め、この酒場で働くのは16人。そのうち厨房で腕を振るうのは4人で、現在の帳場には、かおりさんが座る。

明治時代から苦労をして維持してきた持ち家だから、地代家賃の負担はないが、その他の固定費はかかる。先行きの見通しがきかない現状で、伝統ある居酒屋「みますや」はノンアルコールでの営業に踏み切ったのです。

「最初は、ダメだろうなと思っていたんです。でも、開けてみたら、お客さんが来なかったのは大雨の日、1日だけ。お客さんゼロが続いたら止めようと思っていたんですけど、意外なことに、やってみると、ひとり、ふたりと、こんな時期なのにいらしてくださるんです。うちのメインはお酒です。そのお酒をお出しできない。それを伝えても、以前からうちのお客さんだった方々が足を運んでくださる。それなら続けようと思いました。ひとりでも来ていただけるんだったら、ありがたいと思って」

帳場に座るようになって感じるんです。

父はこういう光景をずっと見ていたんだなって

訪れたのは2021年8月20日の午後。会話が途絶えると、広い店内は静寂が支配する。老若男女の笑い声も、店員さんたちの張りのある声も響かない。明治期に創業した酒場は関東大震災のとき、火災によって焼失。その後、家族で懸命に働いて、昭和3年に建てた現在のお店で、昭和の戦争も生き延びてきた。

「祖父母から聞いた話ですが、戦争中、お酒や食料も手に入らなくなるまで営業をしていたときは、マッチ棒で、その日のお客さんの数を数えていたそうです。それくらい、お客さんも少なくなってしまったんですね。そんな戦争のとき以来なんですよ。これだけ長い期間、店を閉めたのは」

戦後も「みますや」は頑張り続けた。周囲の店が暖簾を下ろした後、最後に灯りを消すのが「みますや」だった。かおりさんには、夜中まで店を開けていた3、4歳のころの記憶があるという。

「父も中学時代から店を手伝い、私も高校から大学まで店に出て手伝いました。子供のころは居酒屋の娘であることが嫌だなと思っていたのですが、店に出ると、お嬢ちゃんなのかい？　と声をかけられ、昔、お父さんはこうだったとか、おばあちゃんが

みますや

帳場に座っていたよねとか、たくさん話をしてくださる。店をつぶしちゃダメだよ、頑張るんだよと、声をかけてくださる。そのとき、いい商売なのかなってはじめて思えた（笑）。一日汗して働いた方々に、うちの暖簾をくぐったら年齢も職業も関係なく、ポケットマネーで、安くておいしいものを召し上がっていただきたい。父が昔から言っていることですが、これがあったから今までやってこられたのだと思います。父ももう歳ですし、コロナのこともあるから今は店には出ていません。それで私が帳場に座るのですが、店を開けているときに、あそこから見ていると、お客さんたち、とても楽しそうなんです。仲間内で他愛ない話で大声で笑ったりね。ああ、父はこういう光景をずっと見ていたんだなって、最近、感じることですね」

この店をなんとしても守らなくてはならない。その強い思いが、伝わってきます。

「お客さんに会えないのは、寂しいですね。あの方、どうしてらっしゃるかなと気になります。コロナ前は、多いときには１３０人くらい入りますから、営業中はお客さんにニコリともできないような感じ。夕方５時から夜10時までスタッフみんなで走り回っているような状態でした。でも、今は暇だから、お客さんとお話ができるんです。こういう店ですからお名刺をいただきませんので、お顔はわかっても、名前を知らないお客さんも多いんです。でも、今、そういう方がふらりと来ていただけると、ああ、いらっしゃい！　ってなる。いつもひとりで大テーブルで飲んでいた方と、他愛のない話ができたりして、その方のことを初めて知るわけです。先日来られた方は、2年くらい来られてなかったから心配していたのですが、ご病気をされていたそうなんです。今はお酒飲めないから、かえってノンアルコールでちょうどいいんだよ、なんて、いろいろお話をしました。ありがたいことです、本当に」

いずれ酒も制限付きで解禁になり、お客さんも戻ってくるだろう。そのときに向けて、かおりさんは今、どう考えるのか。

「私個人の考えでは、コロナ騒動がすっかり収まるまでは、5人、10人で賑やかに飲むというのは難しいようにも感じています。2、3人の気の合う方々で来ていただければ、いちばんいいのかな。そして、まともな営業をしたい。やっぱり、お客さんに会いたい。それが一番なんです」

たったひとりでも来てくれるお客さんがいるなら店を開けよう。そう決心をした店で、お話を聞いていたちょうどそのとき、ひとりのお客さんががらりと戸を開けて入ってきた。隅のテーブルに座る。かおりさんが、いらっしゃいと、声をかける。どうやら、常連さんのようです。おつまみを2品ほど、飲みものは、ノンアルのチューハイです。「みますや」でノンアルを飲む。どんな感じなのか、伺いますと、こうおっしゃった。

「水を一杯も飲まないで、カラカラに渇いた状態で来ると、うまいんですよ(笑)」

それがコツなのだ。すばらしい発想。そして、にじみ出る店への愛着。こういう常連に私もなりたいと、多くの呑ん兵衛たちが賛同してくれるのではないでしょうか。客と店との関係は、突き詰めれば一対一。「みますや」には、こういう個人が、きっと、たくさんいる。そう思うと、今度店を訪ねたときに、また新しい「みますや」が見えてくるのかもしれません。

今回の取材には同席いただけませんでしたが、三代目店主の岡田勝孝さんに、「酒場としての営業が再開できたとき、お客さんや常連さんにどんな言葉をかけて迎えてあげたいか？」と、かおりさんを通じて聞いてみました。勝孝さんから返ってきたコメントは、

「オレ、まだ、生きてたよ！」

三代目の元気な御姿にも、また会えますように！

◇◇◇◇◇◇◇◇◇◇
みますや

【住所】東京都千代田区神田司町2-15-2 【電話番号】03-3294-5433
【営業時間】11：30～13：30 17：00～22：00（L.O.）【定休日】日曜 祝日
【アクセス】東京メトロ「淡路町駅」、都営新宿線「小川町駅」より各徒歩3分、JR・東京メトロ「神田駅」より徒歩7分

お客様から励ましの言葉をいただく。
それが5年後、10年後の店の将来にとって
大事なことなのだと痛感しました

バーデン バーデン

有楽町

月の固定費は1000万円ほど。営業自粛で売上がゼロになりました

酒場が酒を提供できない状況が続いています。9月末をもって緊急事態宣言が解除されることが期待されますが、飲食店にはまだ、さまざまな不安もあることでしょう。解除後の感染対策はこれまでどおりでいいのか。そもそも、酒場が営業を中断している間に感染者が急増したり急減したりしたことは、酒場の営業自粛とどのような因果関係があったのか。疑問も少なくないからです。

なにより、酒類提供自粛の要請によって多くの酒場は休業に追い込まれ、客とのつながりが途絶えています。酒場にとってもっとも大事なものをどう修復するのか。あるいは、その先に、どのような展望を開くことができるのか。今回は、酒場が置かれた現状について忌憚のないところを、創業41年のドイツレストラン「バーデン バーデン」にお伺いいたします。

有楽町のJR高架下。明治時代に建造された風格あるアーチ形の橋脚の壁面は古びたレンガだ。そのアーチを店のファサードにしているのが、ドイツレストラン「バーデンバーデン」です。1980年にオープンし、現在は創業者の息子さんである曽根崎武吉さんが経営をしています。

「もとは、証券マンだった父が開いた店です。ドイツを旅したときにビールと料理の魅力に目覚めて開業したと、父は昔の従業員に語ったそうですが、母に言わせると開業前にドイツに行ったことはない（笑）。それでも、店を始めてからは何度もドイツへ足を運び、本場の料理とビールを見て回ってホフブロイというビール会社と契約し、それは現在まで続いています」

曽根崎さん自身は高校、大学とボクシングに打ち込み、社会に出てからはサラリーマンを経て千葉県の高校教員として過ごしてきましたが、2015年、この店の経営者になる。現在で6年目。このうちの1年半はコロナとの闘いでした。曽根崎さんと奥様の和美さんが役員で、社員は9名、そのほかアルバイトも雇ってきた。店の席数は120に及びます。

「昨年（2020年）の4月、5月の営業自粛のとき痛感したのは、家賃や人件費の大きさです。うちくらいの規模だと、諸々の経費をプラスすると、月の固定費は1000万円ほどですが、営業自粛で売上がゼロになりました。このとき考えたのは、営業をしてもしなくても家賃はかかるということです。だから、それまでは週末は16時、平日は17時オープンだったのを、土日祝日は昼の12時から開けて、ランチや昼飲みのお客様を取り込もうとしました」

週末には、曽根崎さんはレーダーホーゼンという革製のパンツ、奥様の和美さんはディアンドルという、いずれもドイツの民族衣装を身に着けて、店に出ていた。

「緊急事態宣言が明けてからは営業時間の制限がなかったんですね。それで、深夜営業を始めました。警察に届け出をして、私と妻とふたりだけ残ってソーセージを焼いたものなどの簡単な料理とビールで営業をしたんです。やってみると金曜日の晩などはお客様もそこそこに入り、売上が落ちる月曜の分をカバーできた。妻とふたりだけでできる範囲でしたが、最初の頃は、朝5時までやってました（笑）」

飲食店に向けた感染対策として、国土交通省から道路占用許可基準の緩和措置が行われたときも、店の前の道路にテーブルを出す許可をさっそく申請する。もちろん、営業自粛への協力金、持続化給付金、雇用調整助成金など各種の申請のほか、緊急の融資など、この事態を乗り切るためのあらゆる方策を模索した。店を守るために必要なことは、なんでもやる。「バーデンバーデン」には、そうする以外に道はなかった。

緊急事態宣言が突然決まり、生ビールを大量廃棄することに

経営者となった2015年からの5年間に、曽根崎さんがドイツを訪ねたのは6度に及ぶといいます。

「私はこの仕事に就く前まで教員ですから、まったくの素人。とにかくドイツを知ら

ないといけない。それで毎年のように出かけて勉強をしました。その都度、シェフはもとよりスタッフも交代で連れて行って、一緒にドイツを体験し、リアルなドイツの味を表現できるか、模索してきました。以前ドイツに勤務されていた方に懐かしいと言ってもらったり、たまたま店の前を通りかかったドイツ人のお客様から、店の前に掲げている〝マリエンプラッツ〟というミュンヘンの地下鉄駅の名前のプレートを珍しいと声をかけてもらって、それが縁で後にミュンヘンへ行ったときに一緒に飲んだこともあります」

先代が契約を結んだホフブロイは、400年もの伝統を誇るドイツビール。それを直接輸入して、アイスバイン（塩漬け豚すね肉の煮込み）やジャーマンポテトなどの料理は本場さながらの味とボリュームで楽しませる。それが「バーデンバーデン」流。先代が店を始めたときはビアホールだったと曽根崎さんは謙遜するが、現在では正当なドイツレストランであり、居酒屋なのです。

「この界隈は歌舞伎座、帝国劇場、東京宝塚劇場、日生劇場など劇場も多いですし、父が歌舞伎役者や舞台俳優の方々が大好きだったから、よくお店にも来ていただいているんですよ。『レ・ミゼラブル』公演の打ち上げを貸し切りでやっていただいたことがあるんですが、そのときは俳優の方々が大合唱してくださった。貴重な経験でしたね。父のつくってくれたつながりです」

有楽町の高架下に本場ドイツのお祭り騒ぎのような酒場風景が繰り広げられる。それが、1年半前までの「バーデンバーデン」だった。しかし、長引くコロナ禍に、店も翻弄されたのです。今年（2021年）1月から2度目の緊急事態宣言。4月下旬からは3度目が発出された。

「当店ではドイツから直輸入した生ビールを、お台場の冷蔵倉庫に常時100〜400樽ほど保管してあるんです。それをゴールデンウィークの連休用に、倉庫からいつもより多く店内へ移しておいたのですが、緊急事態宣言の再発出が急遽決まったために倉庫へ戻すことができなかった。店の冷蔵庫に保管できるのは15樽（450リットル）くらいで、残りは店内に置いておきます。通常であれば常温保存でも劣化しないのですが、この5月、異様に暑い日もあったんです。それで、試飲してみたのですが、ほんのちょっとでも違うなと思ったものは、やはりお出しできない。もったいないとは思いますが、本当においしいドイツビールを目当てにうちの店に来てくださるお客様に対して、絶対に裏切ることはできないですから。結局のところ、1樽（30リットル）を35樽、計1トン以上の生ビールを廃棄することになりました。これは私のミスですが、緊急事態宣言が出ることが、もう少し早くわかっていればとも思いますね」

営業ができないだけでなく、仕入れてしまった商材を廃棄しなくてはならない。まさに正念場です。このとき、ドイツの惣菜の通信販売も始めてはいたのだが、平常時の通常営業の1パーセントほどの売上にしかならない。この7月から現在につづく緊急事態宣言に入ったときには、ドイツビールも、ドイツワインも出さず、ドイツ料理だけで勝負しようとしたこともある。やれることはなんでもやるという心構えだった。しかし、この試みも1日で断念することになったのです。

「近くには、お酒を出す店もあるんです。お客様がそちらに流れると、こちらは閑古鳥状態で、店を開けただけロスが出てしまう。それで、すぐに諦めて、酒類提供自粛の間は店を閉めることにしたのです」

酒なしで、酒場は成り立たない。カレーを出せないカレー専門店が成り立たないよ

GETRÄNKE
RÜCKGABE
Hans Trautwein
CITY MAP

うに。

しかし店は経営しなければならない。曽根崎さんはかねてより堅実な経営を心掛け、内部留保の蓄積に努めてきた。それが、コロナ禍にあって営業できない今、大いに役立っているという。

「コロナ以前から、しっかり利益を計上した決算ができていたので、私たちなりには大きな融資を受けることができました。それも、ほぼ利息のない融資です。それに加えて協力金もあるので、毎月赤字にはなるもののなんとか回せています」

さらに曽根崎さんには、希望につながることがあった。6月下旬、いったん緊急事態宣言が解除されたときのことです。

「7月の緊急事態宣言発出までの3週間ほどの間に、多くのお客様にご来店いただき、励ましの言葉をいただきました。妻の手を握って涙をこぼした方もいる。みなさんが、この店のことを本当に親身になって心配してくださっていたんです。感染対策も目先の利益も大切ですが、それよりも、こうして励ましの言葉をいただくことが、5年後、10年後の店の将来にとって大事なことだと痛感しました。店を開けたり休業したりを繰り返してきて、気づいたのは、こういう状況の中で、新規のお客様がリピーターになったり、顔なじみが常連様になったり、以前からの常連様は、家族みたいになって、親身に心配してくれるということです」

曽根崎さんの頭には、いろいろな顔が浮かぶ。この店を夢の国、ディズニーランドにたとえた若いお客さん。時短営業中、ぎりぎりの時間になっても駆けつけて必ず2リットルのビールを飲んで帰る女性のお客さん。そして、親身になってくれる常連客の、顔の数々が、浮かぶのです。

「コロナ禍で、飲食店としてのあり方を考えさせられた。いや、見つめなおしたと言いますか。おいしい料理とおいしいビールを出し、きめ細かなサービスをすることは、実は最低限のことです。お客様と心と心で会話をする。そうした、うわべだけじゃない本当の信頼関係をいかにしてつくっていくか。ここが、星の数ほどある飲食店の中で生き残っていくために一番大切なことだと、お客様から励ましの言葉をいただくたびに感じているところです」

◇◇◇◇◇◇◇◇◇◇◇◇◇◇◇◇

バーデン バーデン

【住所】東京都千代田区有楽町2-1-8 JR高架下 【電話番号】03-3508-2807
【営業時間】平日17：00～23：00 土曜16：00～23：00 日曜16：00～22：00
【定休日】無休 【アクセス】JRほか「有楽町駅」より徒歩3分

ぬる燗

浅草

お客さんの生活のリズムは変わった。
だけど、あそこは変わらねえなと言われる店でいい

毎日店に来て、玄関先を掃く。花も枯らさない

選りすぐりの日本酒と気の利いた酒肴で評判の居酒屋、浅草「ぬる燗」も、長らくの休業を余儀なくされている。訪れたのは2021年8月26日。まだ暑い最中の、いつもなら昼から飲める浅草の飲み屋さんたちもいっせいに店を閉じていた午後のことです。浅草寺の裏の一角、通称〝観音裏〟に「ぬる燗」はある。カウンター10席、お座敷に4席の小づくりな店を、店主の近藤謙次さんがひとりで切り盛りしている。選りすぐりの酒と、美味なる酒肴で定評のある店は観音裏ですでに17年。確固たるポジションをもった名店のひとつです。店の前まで行くと、道に水を打ち、植木にも水をやった形跡が見えました。

近藤さんは、にこやかに迎えてくれます。

日に焼けていますね、と声をかけると、破顔一笑していわく、「毎日、自転車、乗ってますから(笑)」。

現在、店は休業中で、ランチも、お持ち帰りもやっていない。けれど、近藤さんは、店を開けているときより早く起きるそうです。

「休みの間も、店には毎日来ています。玄関先を掃いたり、水をまいたりしている。だから、食材さえ仕入れたらすぐにでも営業はできますよ。準備はいつもできている。

店に来るのは風を入れるためと、自分の習慣を守っておくためです。朝起きて市場に行くけど仕入れはしない。ただリズムだけは崩さないようにしている。あとは、身体を動かして汗をかく。これは体調を整えておくため。だから、自転車に乗る。日焼けもする（笑）。自分ひとりでやっている店だから、怠けようと思ったら、いくらでもサボれるんですよ。でも、店に来れば、ご近所さんの顔は見れるでしょ。それに、店の前にゴミがあっても嫌だからね。毎日、掃く。花も枯らさない。お、やってるな、ちゃんとしているな、と思ってもらえるでしょう?」

店では、日ごろ、50種類ほどの酒肴を用意する。旬の魚介、野菜、肉などを、バランスよく仕入れ、工夫を凝らした料理にして、酒の肪に出す。種類が多いのもさることながら、一品一品、細かに気配りされていて、これこそ、酒に合うと、膝を打ちたくなるような肴に仕上げる。ひとつの食材を料理のバリエーションでいくつものメニューにすることを好まないから、仕入れる量も多すぎないよう配慮する。それでいて、50種類はあろうかというどの料理も、最低2皿は出せるよう、仕入れるのです。

いい材料でうまいものを出す。と、言うは易しだが、小ぶりな店で、ひとり切り盛りする中でそれを実践するのは並みのことじゃない。素人目に見ても、たいへんな熟練を要すると思われる。しかし近藤さんは、そういう苦労はオクビにも出さない。黒のダボシャツを着て、忙しいときはなおさらの、ちょっとした仏頂面で、客に対する

のだ。それがまた、いい。

「時短営業のときは、開店を3時にしたり4時にしたりして、店を開けてきました。もともとウチはお馴染みさんの比率が高い店ですが、こういうご時世ということもあって、どうしても馴染みの深いお客さんばかりになっていました。でも、それも酒を出していたときまでのこと。酒の提供ができない緊急事態宣言になってからは、店はまったく開けられない。ランチをやってみたら、なんて言ってくれる人もいたんですけど、それをやればやったで、いろいろな要望に応えたくなる。あれもこれも、やりたくなる。それはどうかな、と思った。だから完全休業。それにしても、休みが長いよ」

浅草に〝祭〟がない。街にライブ感がなくなったら、つまらない

浅草で店を始めたのは２００４年だが、近藤さんは実はお隣の荒川区の出身。浅草以外を〝外〟と言う浅草の人々の中に飛び込み、店を開き、街に浸透した。住居を浅草にしたのは、今から10年ほど前のことと言います。そんな近藤さんは、コロナ禍の浅草をこう表現します。

「春の花見に始まって、三社祭、隅田川の花火大会、サンバカーニバルなど、大きなお祭りがある。それが、去年（２０２０年）から、ないわけですよ。三社祭も、２年連続で開催できなかった。街の人たちは、意気消沈ですよ。僕も花火大会のときは店を休んで河川敷で仲間たちと花火を楽しんだものです。子供用のゴムのプールに氷水を張って、キュウリとトマトと酒を冷やして、盛大にやっていました。観音裏のいいところは、街でお祭りをやっていても、ここへ来ると静かに飲めることなんです。神輿の声をちょっと離れたところで聞きながら、しっぽり飲む。そんな楽しみは観音裏ならではです。でも、今は、祭りがない。街にライブ感がなくなったら、つまらないですよ」

浅草に遊び、浅草で飲む。その楽しみは、浅草に住む人々が街に対する愛情と誇りを胸に躍動するライブ感があればこそ。そして、賑やかさの裏側には、喧噪から身を

潜めたいときにもそっと抱きかかえてくれるような、観音裏が待っているのです。

「ちょっと隠れたところに色つやがある。浅草の3丁目、4丁目だけでも、寿司、そば、割烹、居酒屋、スナック、なんでもある。6丁目のあたりは、昔の歌舞伎座だし、ちょっと行けば吉原でしょう。けとばしや（馬肉料理のお店）があってね、浅草って、奥が深いですよ」

言葉の端々に、今は自分の街となった浅草への想いが滲む。「休みが長いよ」という一言に、この1年半の不本意、無念も滲む。では今、どんな気持ちで、再開のときを迎えたいのでしょうか。単刀直入に伺ってみました。

「再開にあたっては、口開けの酒を用意したいと思っているんです。シュポンと音をさせて新しい瓶の栓を抜く。あの気持ちよさを、お客さんに味わってもらいたいじゃないですか。だから、その前に、まず、抜栓してしまった酒を、すっかり空けてしまわないといけない。だから僕は、酒の提供ができなくなってから、残っていたのを全部、飲みましたよ。たいへんだった（笑）」

こうした酒への思い入れというものは、呑ん兵衛にとって、なんとも嬉しい話じゃないですか。お客さんに新鮮そのものの酒を飲ませたい。まだ空気に触れてない、初々しいところをお分けしたい。そういう気持ちで注がれた酒の、まずかろうはずがない。この一点だけをとっても、「ぬる燗」の営業再開時の感動が容易に想像されます。

しかし近藤さんは、ただ手放しで営業再開を喜べるかどうかは、わからない。それはまた別だと言うのです。

「開けたとき、すっかり元に戻れるかどうかは、わからない。それは最初の緊急事態宣言のときから思っていたことです。お客さんにとって、生活のリズムが変わったわけですよ。たとえば月に1度、あるいは週に1度、ウチに飲みに来る。そういう人が、店が開いていないとか、営業時間が短くなってしまったとかで、来られなくなったとしたら、その人の酒場に行くリズムが変わる。だからといってこちらから電話をかけて来てよ、というのも違うと思う。酒場というのは、ふらりと入るもの。呼ばれて行くのではなく、ふらりと寄るのが酒場だと思うから、お客さんのリズムが変わるということは気になりますよ」

確かに、このコロナ禍で、家飲みの楽しさをさまざまな形で発見している人も少なくないだろう。また、今後は、以前のように大勢で飲みに繰り出す機会は減るかもしれない。となると、少しずつではあるが、酒飲みたちの酒の飲み方、街での過ごし方の、これまで当たり前であったものが、そうではなくなることもあるのかもしれない。

「家で飲めば安く済む。飲みに行くということは、酒肴にしろ、酒場の空気にしろ、何かの付加価値に見合う対価を払いに行くということです。それでも、やっぱりあの店で飲むほうがおもしろいと思っていただくのは、簡単なことじゃない。僕は17年前に店を始めたとき、こう思った。お客さんが飲みに行きたいなと思ったときに、ふっと頭に浮かぶ店になりたいと。ちょっと顔を見に来たよという感じでお客さんが来てくれるのがベストだと、そう思った。だからこそ、コロナ禍の中でもウチを好んでいただけるお馴染みさんのありがたみを、今、痛感しているんです」

今後、店の方針なり、サービスなり、何か変えていくつもりなのでしょうか。最後に、それを伺いました。

「実は、今のままの店が求められていると僕は思っているんです。あそこは変わらねえなと言われる店でいい。意地を張ってそうしようと思う部分もあるけど、お客さんの意見を聞きすぎたらこれまで17年間のやり方が狂っちゃう。コロナみたいなことはこれまでなかったから、変えることも考えなくてはいけないのかもしれないけれど、僕はブレないでやっていきたい。変わんねえな、というのが、今の結論。頑なだね（笑）」

酒場も飲み手も、時代が要請する生活形態に順応する中で、さまざまに変化する。しかし、そこに、近藤さんが目指す変わらないポリシーがあることは、実に心強い。いつも変わらずに迎えてくれる、そんなちょっと懐かしい空間は、酒飲みにとって、なによりありがたいものでしょう。変わるものと変わらないもの、その両方に、耳を傾けるような気持ちで杯を傾けるのは、酒解禁後の、小さな楽しみのひとつなのかもしれません。

◇◇◇◇◇◇
ぬる燗
◇◇◇◇◇◇
【住所】東京都台東区浅草３-20-９【電話番号】０３-３８７６-１４２１
【営業時間】17：00〜22：30（料理L.O.）【定休日】不定休
【アクセス】つくばエクスプレス「浅草駅」より徒歩６分、東京メトロ・東武スカイツリーライン「浅草駅」より徒歩10分

岩
玉櫻
純米 五百万石
玉櫻
純米酒
玉櫻
純米 五百万石
独楽蔵

休業明けに、みんなすごく嬉しそうに飲んでいて。酒場って、特別な場所であるんだなと改めて思いました

燗酒屋がらーじ

国分寺

カレー目当てに、新規のお客さんが来るのは驚きでした

長らく続いた緊急事態宣言も、9月末をもって、解除される予定です。酒場が酒を出せないという最悪の事態はひとまず終わった。けれど、すっかり安心できる状況ともいい難い。東京都をはじめ一部地域では、宣言解除後も、飲食店には酒類提供時間の制限と時短営業が引き続き要請されています。

もとより、酒が出せるようになったとしても、以前とまったく変わらぬ酒場の営業が成り立つのか。それとも何かが変わるのか。店と客との距離感は、どうなるのか。昨年末に始まった第三波の記憶も消え去らない中で、今、新たな日常が始まろうとしています。

酒を出せない酒場を訪ねるシリーズも今回で十回目。従来の和食に限定されない自由な発想の料理にしっかりした造りの日本酒の燗を合わせるという、独自の提案で人気の店「燗酒屋がらーじ」をお訪ねいたします。伺ったのは、まだ緊急事態宣言中の2021年9月11日のことです。

JR中央線国分寺駅北口から徒歩5分。細い道の先はもう住宅街という街の切れ目のような場所に、この小さな店はあります。

燗酒屋がらーじ

魚介中心のあっさりとした味わいの和食に、さらりとした口当たりの香り高い酒を合わせる……。それだけでは、まったく物足りないと思ったのがきっかけで料理と酒の新しい組み合わせを考案したのは、店主の細尾昇平さんと、お燗番の門田《かどた》美智留《みちる》さん。ふたりで切り盛りする店では、肉類や中華料理などにも燗酒を合わせるという、なかなかハイレベルな楽しみが待っています。昨年４月の緊急事態宣言発出以来、店ではどのような対応をしてきたのでしょう。

細尾「最初のときから、すぐにテイクアウトを始めたので、実は今まで一度も、完全には休んでないんですよ。焼きそばなどをテイクアウトで出す中で、通常のメニューになかったものを試してきました。ウチはもともとラーメン屋です。以前の店舗を製麺所にしているのですが、今もそこで麺をつくっていて、それをテイクアウトにしたりしました。これまでは、ウチから直接お客さんにお分けしてきましたが、今後は第三者を通じての販売もしていく予定です。酒場以外のもう一本の柱とも言えますが、もともとやりたかったことでもある。コロナで通常の営業を休んだから時間ができて、手をつけることができました」

　こう語る細尾さんは２００５年、洋酒や日本酒も提供するラーメン店「麺屋がらーじ」を国分寺にて開店。燗酒の魅力にはまり、２０１４年には同じく国分寺に居酒屋「燗酒屋がらーじ」をオープンした。２０１９年３月にラーメン店は閉業し、居酒屋の経営に注力している。

細尾「この7月からは、美智留ちゃんのつくるカレーでランチ営業もやってきました。通常営業のときも、おつまみカレーは人気メニューですが、美智留ちゃんから提案があったのでランチでやってみた。テイクアウトは通常営業のお客さんが来てくれるんですけど、カレーのランチには新規のお客さんが来ます。驚きましたよ、ランチ営業をはじめてすぐに繁盛したんです」

美智留さんが、思い切ってランチ営業をやってみようとしたのはなぜなのでしょう。

美智留「自分ができることを何かやってみたいと思いました。それと、カレーなら、お酒に関係のない人も来てくれるか

なと思って。ウチは少し入りにくい感じの店だから、夜にはふらっと入れなくても昼ならちょっと入ってみて店を知るきっかけになればいいかなと思いました」

言われてみれば当然のことで、夜は酒飲みで賑わう居酒屋のランチに、日ごろはお酒を飲まない女性客も訪れる。国分寺駅北口はオフィス街ではないけれど、お昼においしいカレーを出せば、それを目当てに客はやってくる。彼らがSNSを通じて発信する情報は、カレー好きの間でたちまち共有されるというオマケもついた模様だ。

ちょうど、おいしくなってますよ、って言うんです（笑）

しかし、ランチがうまくいき、テイクアウトを求めて常連が足を運んでも、細尾さんと美智留さんは、時間を持て余したと言います。

細尾「緊急事態宣言中も、夜8時にはテイクアウトの営業を終えます。僕は店番をしている途中から少し酒を飲み始め、店を閉めて家へ帰っても酒を飲む。自宅で飲む酒はペースが速いし、酔いますよね。だから、今、夜10時くらいには眠ってる。我が人生で、これほど酒を飲んだことはないほど、飲んでいる（笑）。最初のうちは、緊急事態宣言が終われば酒量も減るさ、なんて考えていたけど、延長、また延長でしょう？さすがにまずいと思うんですけど、午後も3時くらいになると、今日はどんな酒を飲もうかな、なんて考えていたりするんですよ（笑）」
時間が余ると余計なことを考えると言うのは、美智留さんです。

美智留「緊急事態宣言中は、私は夕方5時には帰るんですよ。普通のＯＬみたいな生活です。すると、家で、いろいろ考えちゃうんです。この先、どうしようかな、実家へ帰るのかな、とか（笑）」

飲食店の日常は多忙です。日ごろは、仕事を終えて家に帰っても、あれこれ考える余裕はあまりない。だからこそ、時間が余れば来し方を振り返ったり、先行きを考えたりする。それが人情というもの。細尾さんは、そんな日常となんとか折り合いを付けようとしています。

細尾「ウチで仕入れている酒は抜栓してから間をおくと熟れてきて、うまくなるタイプが多い。だから、今、いい具合に熟成して丸くなっている。そんなうまい酒を、本当は出したい。そういう部分では焦れったい思いもありますね。でもまあ、あまり極端なことを考えてもしようがないし、できることを淡々とやるしかない。先のこと、どうなるのかなと最初の頃は思いましたが、そこは考えようではあるかと。事実、暇になって考える時間ができたのはよかった面もあるんです。ウチくらいの規模だと、時短営業や酒類提供自粛に伴う協力金が支給されたうえで、ランチ、テイクアウトなどで売上も立てられる。そして、今までの日常ではできなかったことも試せている。

店番をしている間も酒を飲んでいるだけじゃない（笑）。本を読みます。料理本も参考になるし、『ROCKONOMICS 経済はロックに学べ』（アラン・B・クルガー著、望月衛訳、ダイヤモンド社）という本はおもしろかった。著者はオバマ政権のブレーンだった経済学者ですが、音楽業界を経済学の視点から論じています」

緊急事態宣言中に改装し、テイクアウト専用の受け取りカウンターも増設した。

従来の日常にはなかった時間に考え、それをもとに、今後はどうしていきたいを模索しているのでしょう。

細尾「時短営業のときもお客さん同士の間隔をあけて4組までに絞り、予約で席を用意してきました。必然的に以前からのお馴染みの人ばかりでした。そういう

事情もあって、緊急事態宣言解除後にも、満席にして賑やかにというイメージは持っていません。ウチに来るお客さんは大きな声を出すタイプの人はもともと少なくて、むしろシャイでおとなしい。そうした、ある程度固定化したお客さんを中心にして、あとは、たとえばランチとか、自家製麺とか、そういうところで補っていく。イチゲンさんを拒絶するわけではないんですけれどね」

　こう考えられるのも、「燗酒屋がらーじ」ファンがしっかり根付いているからこそでしょう。6月下旬に酒類提供自粛要請が解除されたときのことを、細尾さんはこう振り返ります。

細尾「みんなすごく嬉しそうに飲んでいて、やっぱり酒っていいなと思いました。

酒場って、そういう特別な場所であるんだなって、改めて思った。酒場に行くことが日常から失われていたから、この日が来るのを本当に楽しみにしていましたよ！　なんて言ってもらって。自分の店が、そういうふうに思われることは、感動的でした」

美智留さんもこう言います。

美智留「休業明けに戻って来てくれたお客さんたちの好きな酒は、だいたいわかるんです。だから、まずそれを出してあげると、みなさん、すごく喜んでくれるんですよね」

自分の好きな酒をスッと出されたら、酒好きなら誰でも、ちょっとした感動を催す。

美智留「ちょうど、おいしくなってますよ、って言うんです（笑）」

これですね。こんな会話があれば、2、3ヶ月のご無沙汰くらい平気で乗り越えられる。では、10月に酒の提供ができるようになったら、どんなふうにお客さんを迎えたいか。美智留さんはこう答えました。

美智留「これまでより、ちょっとやさしい気持ちでお迎えします（笑）。蔵の特徴やお酒のおいしさをしっかり伝えて、お客さんにおいしいと思ってもらい、やっぱり店で飲むと酒の味わいも違うねということを感じてもらいたい。飲食店で出さないと美味しさが伝わりづらいお酒もあるので」

つまり、言葉が要るのだ。酒の味をよく知る人の言葉が、酒をよりおいしくさせる。たとえば店でも出している、鳥取「梅津酒造」の〝梅津の生酛《きもと》笊（ざる）にごり〟のような、濃厚でヨーグルトにも似た酸味が特徴のにごり酒ならどうだろう。細尾さんが後を引き受けてくれました。

細尾「特殊なワインに近い感じです。だからこそ、食べ物を合わせるのがおもしろい。くっつけ甲斐があると言いますか。酒自体にものすごい爆発力があるので、食べ物を合わせたときに、こりゃすごいなっていう味をつくれる。そういう意味でプロ向けではあるのです。僕なら、そうですね。少し血の味のする鴨肉なんか、最高に合うと思う」

酸味の強い白濁した酒に、噛むほどに味のひろがる鴨肉……。細尾さんのひと言を聞いただけで、呑み助ならばもう、飲みたくて飲みたくて、我慢ならんという気分になってくる。でもそれは細尾さんも同じで、酒と、それに合う料理の調和を、実は語りたくて仕方がない。

それは美智留さんも同じらしく、酒を出せないこの時期の思いを、こう締めくくってくれました。

美智留「なかなか歯痒いですよね。これだけ（店内に）酒が並んでいて、どんどんおいしくなっていて、さらに蔵からはどんどんリリースされてくるのに、それを出せないっていうのは」

酒と、その造り手に対する思いの強さこそ、店で飲む酒をいっそうおいしくする魔法なのかもしれません。

燗酒屋がらーじ

【住所】東京都国分寺市本町3-8-14【電話番号】042-329-8081
【営業時間】17：00〜22：00（L.O.）土曜 日曜 祝日16：00〜20：00（L.O.）【定休日】月曜
【アクセス】JRほか「国分寺駅」より徒歩5分

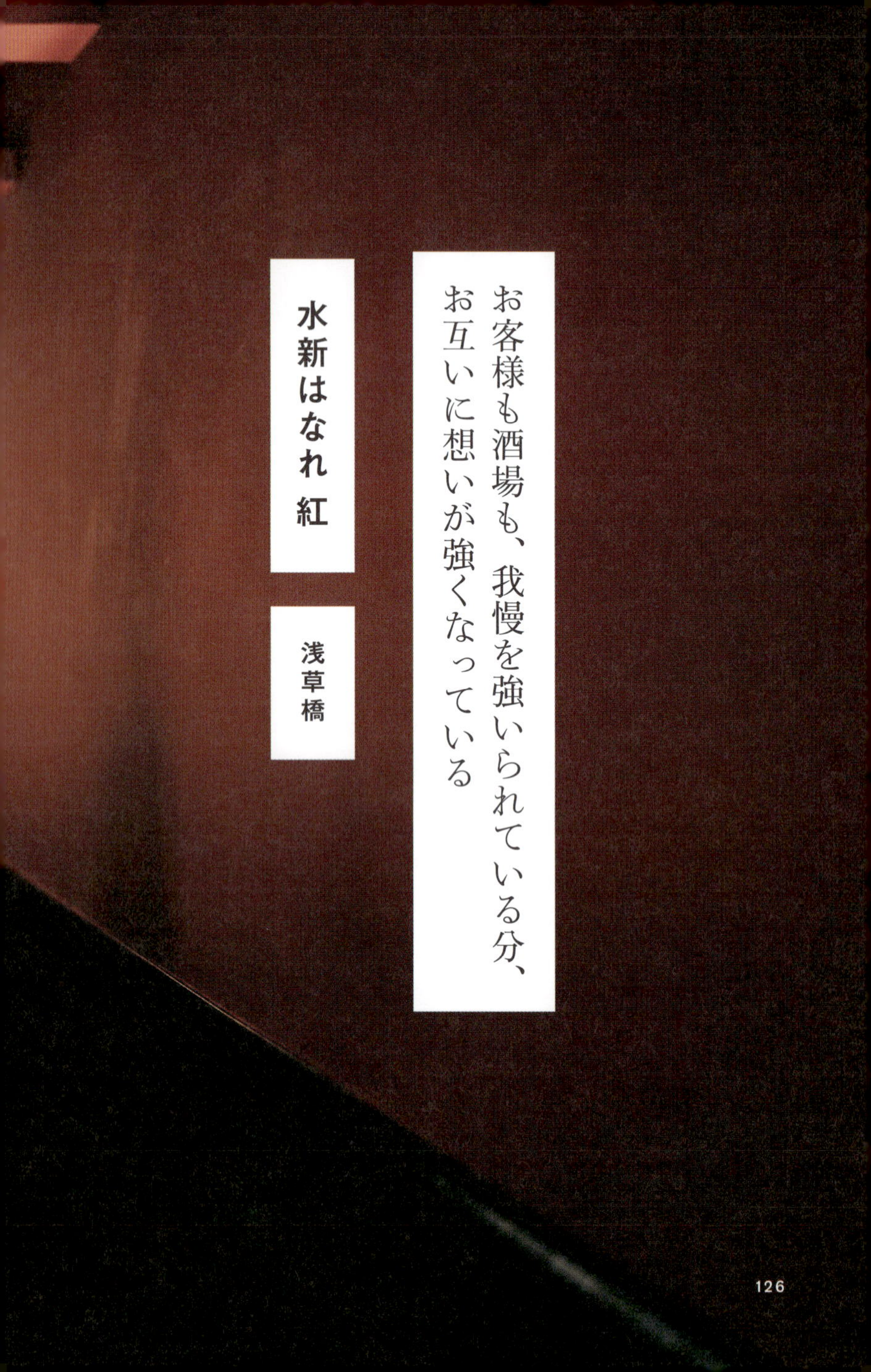

お客様も酒場も、我慢を強いられている分、
お互いに想いが強くなっている

水新はなれ 紅

浅草橋

売上云々より、バーカウンターという舞台で
お客様を相手に仕事ができないことのほうが辛かった

浅草橋駅北口、江戸通りを少し浅草方面へ歩くと、町中華の老舗「水新菜館」がある。町中華の値段で本格中華に負けない各種料理を楽しめる店として、たいへんな人気を誇る。その隣の家屋に、２０１８年9月にオープンしたのが「水新はなれ 紅」です。ここは「水新菜館」の中華料理にワインを合わせるという、斬新なサービスを提供するワインバー。オーナーソムリエの寺田泰行さんは、「水新菜館」の五代目にあたる。

「２００７年にホテルニューオータニに就職し、１年は宴会場に勤務、その後10年間はフレンチレストラン『トゥールダルジャン』でソムリエとして働きました。２０１８年に退職し、この店を9月にオープンしました」

「水新菜館」の現在の店主は、泰行さんの父、規行さん。家業はもともと水菓子屋（フルーツショップ）だったそうで、その後、洋食屋やパーラーのような業態を経て、１９７０年代、規行さんが入店された頃から中華の店になった。「中華料理店としてはまだまだ50年です」と規行さんは笑うのだが、前身である水菓子屋の創業は１８９７年。浅草橋界隈でも有数の老舗なのである。

紅

「2018年に家に戻ったのは、父が腰を悪くしたことも原因のひとつでした。私は、厨房に入って朝から野菜を切るなど調理の仕込みを手伝い、洗い場で皿洗いをし、店に出て接客もしました。今の、このはなれのスペースは当初、『水新菜館』の個室にする予定もあったのですが、ホテルでの経験を活かして、ワインバーにしようと思ったのです」

中華料理とワイン。思い切った組み合わせにも思えますが、その妙味について、寺田さんは語ります。

「世界には5000種類ものぶどう品種があり、産地も世界各国と多様だし、醸造年によって香りも味わいも変わるという広さがあります。一方の中華料理も、中国の中でも地方によって特徴があり、海、山、川の食材を、多様な方法で調理します。さらに中華の世界には醬《じゃん》がある。豆板醬、甜麺醬、XO醬などの発酵食品はワインとの相性もいい。つまりワインと中華のペアリングには、何千もの組み合わせがある。たとえば餃子ひとつをとっても、酢醬油で、柚子胡椒で、あるいはレモン塩で食べるとそれぞれに味が異なる。自ずとワインのアプローチも変わってきますよね。つまり、無限大なんです」

たとえば、餃子。たとえば、あんかけ焼きそば。あるいは、ニラレバ炒めに、ちょっといいワインを合わせたら、どんな世界が広がるか。ワインも安価なものからかなり上等な銘柄まで用意して、中華とワインの無限の可能性を確かめられるバー。それが「水新はなれ紅」なのだ。つまり、ワインと料理、会話を楽しむのが、こちらでの上手な過ごし方。逆に言うと、できる限り会話を避けよと指導されるコロナ禍は店にとって大きな試練だった。寺田さんは、昨年（２０２０年）４月の緊急事態宣言をこう振り返る。

「昨年4月の宣言時は、飲食店は時短営業という要請でした。でも、浅草橋に人がいなくなってしまった。浅草、上野、築地に近いから、通常は国内外から観光の方がたくさんお見えになる街なのですが、あのときは、毎日が日曜日みたいで。本当に危機感を感じました。店を開けてもお客様がゼロという日がありましたから」

　店では、グラス提供するワインの産地を月ごとに変えるようにしていた。ある月はイタリア、別の月はフランス、スペイン、南アフリカといった国別の展開をするのだが、お客さんの姿が街から消えたとき、その手法が大きな負担になってのしかかった。

「国別で提供するワインの種類は毎月10種類。スケールメリットを出す目的もあって、毎回の仕入は1種類につき12本ずつにしていました。つまり、１２０本です。去年の3月にそういう注文をしたら、4月の初めからお客さんが全然来ないから、グラスワインをお出ししてもボトルに半分以上残ってしまいましたね。在庫をお出しすればお客様も飽きてしまう。それが怖くて、未だに強気な仕入注文ができなくなりました」

それでも寺田さんは、行政の要請に従い、時短や休業をしてきた。今年（2021年）1月からの緊急事態宣言下でも、時短要請を守りながら営業を続けた。その結果、中華と少し高級なワインのペアリングを求めて、客足も戻ってきていた。しかし、4月下旬から酒類提供の自粛要請が出されると、策はつき、やむを得ず休業に入った。

「『水新会館』は酒の提供をせずに営業を継続しましたので、私はそちらの手伝いをしてきました。でも、毎晩9時には自由になる。他にやることがない。すると不思議なことに、ものすごく歯が痛み始めたんです。歯医者に診てもらっても悪いところはない。おそらく、眠っている間にストレスから歯ぎしりをしていて、

それで痛むのだろうということでした。実際に、マウスピースをつくってもらうとすぐに治りました。僕は高校時代から飲食の世界に携わって20年になるのですが、その仕事ができないということが相当なショックだったんだなと思います。売上云々より、バーカウンターという舞台でお客様を相手にソムリエをするという、慣れ親んできた仕事ができないことのほうが辛かったのですね」

寺田さんは考えた。仕事ができないなら、今、できることをやろうと。そしてまず着手したのが、肉体改造だったという。

「ジムに通い、食事制限をしました。そもそも外に飲みに行く機会も減りましたから、お酒もあまり飲まない。4ヶ月で15キロ痩せましたよ。休んでいる間に肉体改造ができたことはよかったと思っています。お客様に会えない時期に気づいたのは、お客様は癒しを求めて店へ来るけれど、私のほうも、そんなお客様に接することでモチベーションを高めてきたということです」

大丈夫だよ。お客さんは帰って来てくれる。父の言葉に勇気づけられた

政府からの緊急事態宣言は突然に発出されることが多く、また、期間の延長が小刻みに行われ、その都度、店は対応に追われた。そんな中でも、お客さんがこの店に寄

せる深い愛情を感じさせる出来事があった。

「今年4月下旬から9月下旬の今までの間に、予約を7回も日延べしてくださったお客様がいらっしゃるんですよ。予約していたのにその日が緊急事態宣言に入ってしまったり、宣言解除予定の後に予約を入れたら、急に緊急事態宣言が延長されたり。そんなことの繰り返しで予約を7回取り直してくださった。電話でお話しするたびに、本当にごめんなさい、早くお会いしたいです、ってお伝えするんですが、我慢を強いられている分、お互いに想いが強くなっている気がします」

カウンター席のみのワインバーだけに、大きな声を出すようなお客さんもいない。9席から6席に席を間引きし、パーテーションを配して少し狭く感じても、不平を漏らす人はいなかった。主である寺田さんもまた、冷静に、今後の営業を見据えている。

「コロナ禍は、誰も経験したことのなかった災害です。店としても、これから1年くらいは行政や医療機関からの要請に対応していかないといけないと思っています。一歩進んでみて、まずいなと思うところがあったら、また引き返して、やり方を見直して、そうやって少しずつ前に進むしかないと思っています。実は最初の緊急事態宣言が発令されたとき、私はテイクアウトや宅配なども対応しなくてはと、奔走したんですよ。その時、父は私に言ったんです。まあ、大丈夫だよ。なんとか、なるよ。リーマンショックのときも、東日本大震災の後も、お客さんは帰って来てくれた、と言っ

たんです。すごく腹が据わっていて、勉強になりましたね」

　さすがは超老舗。創業は明治時代だから、大正時代の関東大震災も、昭和の大戦の東京大空襲も経験してきた店の、これが遺伝子というものでしょうか。

　寺田さんが、営業再開に向けて着々と準備を重ねてきた。

「再開のとき、ワインという武器を揃えておきたい。そう考えて品揃えを増強しました。今、ワイン市場には余剰もあって、古いものも市場に出ているんですね。それを今のうちに手に入れておこうと。これまでのウチのワインリストは200アイテムくらいだったのですが、今、300まで増やしました」

　たとえば、今夜は普段のワインとは違

って、何か特別な1本を奮発したい。そんなとき。

「ワインは、普段使いのものから、上には上の、高級なものまで、とにかく幅が広い。中には100万円単位のものまでありますが、そうしたものをお求めのお客様が来られたときにも、ご用意しています、とお迎えしたい。そのチャンスを逃しちゃいけないって(笑)。もちろん、いつもは7000～8000円くらいのワインだけど、今日は3万円くらいにしてみようか、というようなご要望にもお応えします。そのために、ワインという武器に、弾をしっかり込めておくわけですね」

どんな災厄に見舞われても、きっと大丈夫。お客様は帰って来てくれるさ。そんな想いを受け継ぎながら、寺田さんは、再開の第一歩を今、歩み始めている。

水新はなれ 紅

【住所】東京都台東区浅草橋2-1-1
【電話番号】03-5839-2077(直通)／03-3861-0577(水新菜館)
【営業時間】18：00～23：00(L.O.)【定休日】日曜、第2・4土曜【アクセス】JRほか「浅草橋駅」より徒歩2分

不安もあったけれど、今は、要請を守ってよかったと思っています

鳥平

錦糸町

SAPPORO
佐渡ヶ嶽
The PREMIUM MALT'S
SUNTORY

ノンアルでも店を開けたい……だったら赤字になっても続く限り開けよう

錦糸町駅北口。東西に走る北斎通りを渡った一本先の小道に、「鳥平」はあります。昭和46年にこの地で開業。現在、店を切り盛りするのは代表の新澤裕子さんと、その長男である店長の陸《りく》さん。裕子さんの父、陸さんにとっては祖父にあたる創業者の井出広明さんを〝マスター〟、その連れ合いである喜久子さんを〝ママ〟と呼びます。つまり、親子三代。現在は、陸さんが店長として焼き場も調理場も掛け持ちしながら、店を回しています。訪れた2021年9月22日時点では、お昼の弁当と、夕刻からはテイクアウトとノンアルコールドリンクでの営業に、フル回転していました。

陸「4月下旬にお酒を出せなくなってからは、お休みをいただきました。6月にいったん店を開けたときはお客様もすぐ戻ってきて、ありがたいと思っていたのですが、また、あっという間にお酒を出せなくなった。でも、また閉めるのも嫌だなと思って」

昨年以来、「鳥平」では行政からの要請通りに対応をしてきたといいます。

裕子「昭和の頃には焼き鳥のお土産や出前もしていたんですけど、テイクアウトはそれ以来です。今回やってみて、店内とテイクアウトのオーダーが重なったときなどは、スタッフもバタバタしてたいへんでしたね。店内営業だけでも手一杯なのに、テイクアウトやお弁当となると、その仕込みにも手間と時間がかかります。まして、店を開ければ人件費も、かかりますよね。去年の緊急事態宣言になった頃は協力金もあって楽観視していましたが、これだけ長くなるとだんだん不安になってきて……。店を開ければ、赤字も出ますよ。でも、だからといって、何もせずに休業してしまっていいのか。今は店長（陸さん）を中心にやってくれていて、開けたいっていう気持ちが強い。だったら赤字になっても続く限り開けようと。そういう形で、やっているんです」

陸さんの胸には、不安もあったという。酒類提供を実質禁止するという異常事態において、要請に対応せず、酒を提供する飲食店が見受けられるようになったからだ。

陸「普通に営業してほしいという声は多く、要請を守ることに何の意味があるのだろうって思った時期もありました。そのときは母とも言い合いになったり。でも、今は、守ってきてよかったと思っています。実は昨晩来られたお客さんが、こんなことをお話しされたんです。酒を出して完全にオープンにしますよという店には、この状況で行きたいとは思わない。ちゃんと酒が出せるようになったら、今、我慢している店をしっかり応援したいよね、と」

陸さんは、ノンアルコールドリンクを飲みながらそう語るお客さんに、とても感動したそうです。

陸「僕自身、お酒を出してない酒場に行ったことないから、お客さんの心境はよくわからない（笑）。でも、酒を出す店が増えているなかでうちに来てくれるっていうのは、本当にありがたいことだと思います」

陸さんは現在25歳。まだ若いけれど、店を手伝い始めたのは高校1年生のときだから、経歴はすでに10年。当時の店では焼き場はママ、調理場はマスターが担当していたといいます。

陸「マスターと意見が合わなかったりして、ぶつかることもありました。でも、マスターが言っていることが全部、正しいんです。僕は隣についてマスターの仕事を見ていた。そのうちにママが足が痛いと言って焼き場に立たなくなり、代わりに僕が焼くようになった。それからまた少し経って、今度はマスターも疲れが出て、僕が調理のほうにも入って、母とふたりでなんとか回してきました。ちょうど高校の頃、ばあちゃん（ママさん）が、もう店をやめる、ってしょっちゅう言っていて、うちはボトルキープの期間が2ヶ月だから、店をやめる2ヶ月前には常連さんに伝えないといけないって、いつも僕が言われていたんです。それが、なぜかとても嫌で。店を継ぐ気持ちはまったくなかったけど、ばあちゃんが店を閉めるって言うのが本当に嫌で。絶対に閉めてほしくないっていう気持ちは、そのとき、もう、持っていました。だから今、こうして店をやっているんだと思います」

陸さんは、マスターにぴたりとくっついて、6年間、仕事を教わった。そしてマスターが現場を離れてからは、「鳥平」と付き合いのある業者や、以前から店に飲みに

テイクアウト20時まで
ランチ弁当
11時半から
SAPPORO
鳥平

来ていた飲食店の先輩に、野菜や魚の仕入れなども教わってきた。

これも、一生続くことじゃない。いつか必ず夜は明ける

そして、この4月。長年にわたって「鳥平」を率いた創業者の広明さんが他界した。引退から4年、84歳だった。翌日には緊急事態宣言発出という、4月25日のこと。裕子さんは、葬儀の準備もあることだから、緊急事態宣言発出後の休業を決意。「店を休んで、ゆっくりと家族で見送ることができました」と、おっしゃいます。その口ぶりは、実に淡々としている。

しかし、創業者であり、一家の大黒柱であったマスターの逝去は、コロナ禍という過酷な現実に追い打ちをかける、精神的にもたいへん厳しい経験だったと思われるのです。酒の提供ができない中でテイクアウト、お弁当、ノンアルコール営業を行えば赤字も出る一方で、真夏にはオリンピックというお祭りが開催されていた。飲食店だけがなぜ？　と思わなかったのでしょうか。

裕子「なんで飲食店だけがダメなの？　といつまで言っていても何も前向きにならない。だから、オリンピック、うちは、うち、と考えた。そうしないと折れてしまうから、一切、そういうことは考えていませんでした。これも、一生続く

ことじゃない。いつか必ず夜は明けるってことだけを思って過ごしていましたね。また、お客様と乾杯できる。あなたも一杯どうぞって、お客さんに声をかけてもらえる。そういうときが絶対に来る。そう思って緊急事態宣言のルールに従い、凌いできました。だから、オリンピックをやってるからといってストレスを感じることもなく、それは別物として捉えていました」

オープンした昭和46年は西暦にすると1971年。つまり、「鳥平」にとって今年(2021年)は、錦糸町で50年の、記念の年なのです。だからこそ、裕子さんの胸にも、陸さんの胸にも、創業夫妻が頑張ってくれたこの店を守ろうという、強い気持ちが湧いているのかもしれません。

裕子「お客様の前でも言い合いになるくらい、よく夫婦で喧嘩していました。父は80歳まで、母は82歳まで店に出ていました。喧嘩相手がいなくなったからか、母も、がくっときて。だから今は、母の様子を見てから、この店長の下にも子供が3人いますから、そちらの学校のことなんかもあって、一日はあっという間に過ぎてしまいます」

もとより裕子さんは店の代表者。陸さんに店長を任せつつ、店の経営も見ている。超多忙な日常の中で、いつか夜は明ける。そう思えた理由は何か。伺ってみました。

裕子「たぶん私の性格(笑)。楽観的なのかな」

陸「僕も、おんなじです(笑)」

裕子「じゃあ、もとは、父の性格かもしれませんね。私は若い頃、外で働くようになったとき、父に言われたことがあるんです。どんなにいい時も、どんなに悪い時も、同じ状況は続かないからねと。この父の言葉はその後の人生の中で、あ、本当だなと思うことがあって、心に染みついています」

カウンターの向こう側に立ち、調理をしながら客の様子にも目を走らせ、ときおり、声をかけたりするマスターであったらしい。その姿を陸さんは、威厳がある姿だったと振り返ります。

現在も、「鳥平」のお客さんには、マスター時代からの人は多い。中には、高校時代に親に連れられて来て、もう60代になっている人もいるという。そして

「鳥平」のお客さんには、特徴があるらしいのです。

裕子「ありがたいことに、『鳥平』ではひとりでじっくり飲んで食べて帰るというお客様が多いんです。グループでいらっしゃっても騒ぐような方はいないし。飲みのプロというか（笑）、自分の世界を楽しんでくださるお客様たちですね」

陸「そうした店の雰囲気は、マスターがつくったものかもしれません。僕は、素人からこの店でたたき上げて、今、ここに立たせてもらっている。だから、これからまだ勉強ですけど、この店の雰囲気を受け継いで守っていきたい。とはいえ、これから1年ほどで、ワクチンが行き渡って、特効薬もできるのかどうか。あるいは、店を開けた後も、席の間隔を広げて感染対策をするなら、以前のようにお客さんを入れることはできないので、その分の補償はどうなるのか。とにかく、コロナがインフルエンザぐらいに扱えるようになるのを待ちながら、営業をしていくしかないですね」

実に冷静に、しかも、的確に状況を見ている陸さんが25歳だと改めて気付き、若いのに、しっかりしておられますね、と声をかけた。

「自慢の息子です！（笑）」

即答したのは、裕子さんだった。たしかに――。

そして迎えた、10月1日。緊急事態宣言が解除され、20時までの制限はあるものの、実に81日ぶりにアルコールの提供が解禁されました。それからしばらく経った202

鳥平

1年10月20日に、再開後の店の状況はどうなっているのか、あらためて店長の陸さんに話を聞いてみました。

陸「おかげ様で馴染みの方だけでなく、新規でご来店の方もお立ち寄りくださって、緊急事態宣言前に近い状態で営業させてもらっています。店内に活気が溢れていて、『嬉しい！』『楽しい！』というのが率直な感想です。久しぶりのお客様が『ずっと来られなくてごめんね！　やっぱりお酒がないとさあ……』と素直におっしゃっていて、やはりみんな同じ気持ちだったんだなと安心しました。このままリバウンドすることなく、徐々に解除されていくことを願うばかりです」

下町の50年酒場の営業再開に、乾杯！

◇◇◇◇◇

鳥平

【住所】ただ今、休業。移転先検討中

休業期間中は、串打ちや焼きの腕が鈍るのが怖かった

もつ焼 高賢

駒込

山手線の中でいちばん乗降客が少ない駅、駒込

緊急事態宣言が解除された10月1日以降、酒の提供再開を待ち望んだ人たちは、それぞれ、自分の馴染みの店へ足を運んだことでしょう。お店の側でも、常連さんが以前のように顔を見せてくれることに、胸を撫で下ろす気分だったかもしれません。

しかし、これから、どうなっていくのでしょう。コロナ以前に戻るのか、それとも、以前とは異なった形で酒を飲む場が形成されるのか。コロナ禍は、誰にとっても初めての経験だっただけに、これから起こることもまた、未知の領域にある。事態がこのまま収束し得るのかどうかさえ、定かではありません。しかし、酒場がいま、再開の一歩を歩み出したことは事実です。これからの酒場を安心して楽しむために、何が求められるのか。

今回、お話を伺いますのは、コロナ禍にオープンした新しい店、駒込「もつ焼 高賢《こうけん》」。オーナーの石山高賢さん、ホール担当の加藤洋介さん、調理担当の小林清一さん、そして石山さんの奥さんの沙織さんの4人で営む、若いお店に出かけてまいりました。

実はこの店、開業してからまだ10ヶ月しか経っていません。

石山「前は水道橋のもつ焼き屋で働いていたのですが、勤めているときから物件を探して、昨年の12月にオープンしました」

現在34歳の石山さんが飲食の世界に飛び込んだのは28歳のとき。山形出身の彼は、最初、仙台でもつ焼きのうまさを知ったのだそうです。

石山「初めてもつ焼きを食べたときの衝撃がすごくて、この世界に入りました。当時食べた仙台のもつ焼きがどの程度のものだったのかはわかりませんが、その後、上京して東京の『秋元屋』とか『ウッチャン』とか、おいしい店のもつ焼きを知って、あらためてすごいなあと思いました。最初に勤めた店は、秋元屋系の、『やきとん赤尾』という板橋の店でした」

調理担当の小林さんは、石山さんが勤めていたこのお店の、お客さんだった。

小林「オーナー（石山さん）と同じで、『赤尾』でもつ焼き食べて、衝撃を受けました（笑）。僕は当時、吉本興業の芸人をやっていて、バイトしたいなと思ったのですが、社員の募集しかしてなかったんです」

それでも、店にいる石山さんとは親しくなって、ふたりは飲みに行く仲になる。その後、小林さんは芸人の道に別れを告げて、上板橋の『やきとん ひなた』に入店、本格的に飲食の世界に入ったということです。

一方の石山さんは、その後水道橋の有名店『もつ焼 でん』に移るが、ここで、現在ホールを担当する加藤さん、そして、当時はお客さんで現在は奥さんの、沙織さんに出会う。

加藤「オーナーと僕は上司と部下という関係でした。でも、お互いに酒場好きなので、飲み歩いているうちに気心も知れた感じになりましたね」

沙織「私はOL時代に会社が水道橋にあって、同僚に『でん』に連れて行ってもらったのですが、そのときの印象が衝撃的でしたね（笑）。赤提灯の店は人生で初めてでしたけど、ハマりました。カウンターで隣合わせたオジサンと会話をしたり、みんなが酔っぱらって楽しく飲んでいたり。小洒落た店には絶対にないことなんですが、すごく刺激的で楽しかった。でも、『でん』は店員さんもみんなオラオラ系で、あの頃はめちゃめちゃ怖かったんです（笑）」

みなさん、きっかけはそれぞれ違えど、もつ焼きの名店の味と雰囲気に衝撃を受けて、この道へ入ったようです。

店のオープンは昨年（２０２０年）の12月。つまり、店舗選びはコロナ禍の中で進められたのです。

石山「コロナで普段は空いてない物件にも空きが出ていてチャンスだよと、不動産業者の人に言われました。ただ、物件を探し始めるまで、実は駒込に来たことがなかったんです。物件情報をもらってから初めて見に来たんですけど、店の立地や街の雰囲気が、自分のイメージしていたものと合っていました。チェーン店が少なく、あるのは、個人店ばかり。山手線の内側、うちの店がある側のほうが、雰囲気がいいなと思

高賢
もつ焼
もつ焼　高賢

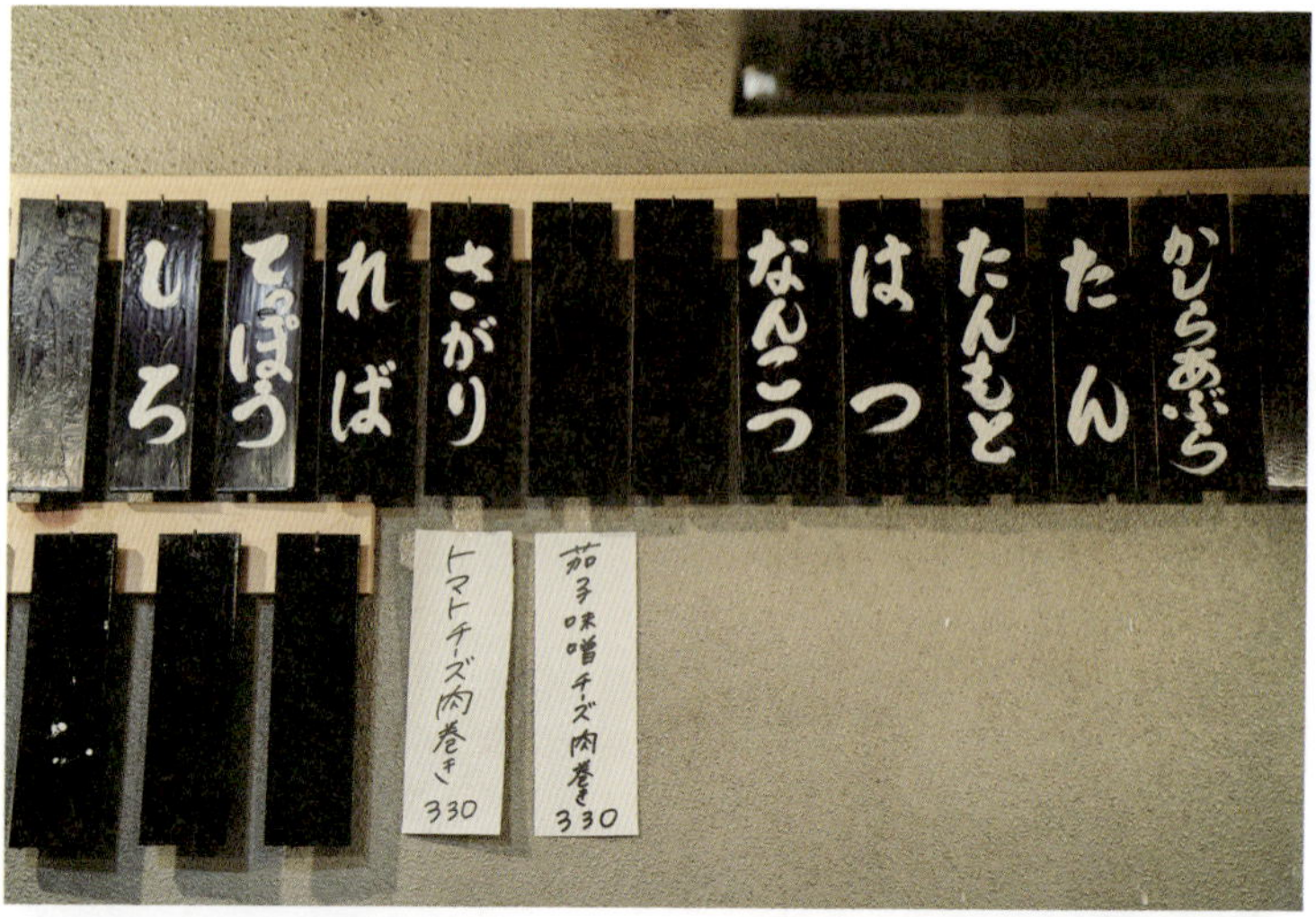
かしらあぶら
たん
たんもと
はつ
なんこつ
さがり
れば
てっぽう
しろ
茄子味噌チーズ肉巻き
330
トマトチーズ肉巻き
330

かしらあぶら
たん
たんもと
はつ
なんこつ
さがり
れば
高賢

もつ焼 高賢

いました」

たしかに、このあたり、山手線の内側ということを忘れてしまうくらいに昔を感じさせる街。東京でも数少ない、昭和が色濃く残る場所のひとつかもしれません。実際、今の若い人たちにはあまり馴染みのない土地とも考えられる。その点、場所選びの時点で、気にならなかったのでしょうか。この質問に答えてくれたのは加藤さんです。

加藤「テレビの『アド街ック天国』で知ったんですけど、駒込って、山手線の中でいちばん乗降客が少ないいんですって。たまたま番組を観ながらオープンの準備をしていまして。ええ？　ここで本当に大丈夫なのかなって、ちょっと心配になりました（笑）。あと、駒込に以前に一軒だけあったもつ焼き屋さんが潰れちゃったという話も聞いて……」

小林「しかもその話、オープンした後に聞いたからね（笑）」

つまり、店探しをするまで駒込にはまったく縁のなかった4人が、山手線でいちばん乗降客の少ない駒込で始めたのが、「もつ焼 高賢」なのです。店にあるホワイトボードには、第182回と書いてありました。取材に訪れたのは2021年9月24日のこと。昨年12月のオープン以来、休業期間もあって、まだ、店を開けるのが182日目ということなのです。

石山「12月にオープンして、1月からの緊急事態宣言中は時短営業しました。4月下旬に酒が提供できなくなってからはランチと串のテイクアウトをやって、6月に入って休業。21日から7月11日までまん防の間は店を開け、7月12日からはテイクアウト営業。8月中と9月13日までは完全休業にして、14日からまたテイクアウトをやってきました。オープンするときから心構えはしてきましたから、致し方ないとは思っています」

やっと叶った、自分の店。本来なら全力でスタートダッシュを決めたいところだが、石山さんたち4人は今もまだ、通常営業を経験していない。フルスロットルで走ったことがないのだ。

とにかく、疲れてイヤになるくらい働きたい

しかし、開店してまだ1年にも満たないが、店にはすでに、お客さんもついている。石山さんは、ある感触をつかんでいた。

石山「街が落ち着いているためか、お客さんも、大人で、とてもよくしてもらっています。騒ぐような方もいないし、かといって、やはりここは都会だから、客層がしっかりしていて、とてもいいです。駒込にはこういうもつ焼き屋がないから、開店してくれてありがたいよ、みたいな感じで言ってくださる方もいます」

客層の中心は30代から50代という。

石山「都内で仕事をしていて、このあたりのご自宅に帰って来る方たち。あと、加藤がSNSをやりますので、そちらを経由して若い人たちも来てくれますね」

加藤「SNSは反応が早いですね。盛り上がるときには、バズってるなっていう感じのときもあるし。早く伝達ができるから、使い方によっては広告にもなりますね」

取材に伺った日は、まだ酒類の提供を休止していた期間だったので、テイクアウトメニューを購入してみました。

たんもと、なんこつ、たん、てっぽう、さがり、それから、しろ、ればく、はつ、かしらあぶら、つくね。そこに、ポテトサラダと豚すじ柚子塩煮込みをプラスする。

まずは、好物のたんもとを口に。ああ、これはイケる。なんこつも、しろも、抜群だと思う。それから柚子塩煮込み。塩煮込みはいろいろ食べてきたけれど、ちょっとした工夫で、また、新たなうまさを見つけ出してくれたのです。これなら、オープンから1年経たず、まだ、182日しか営業チャンスがなかったこの店に、すでにしてファンができているのも納得。うまいもつ焼きと一品料理で、心ゆくまで酒を飲みたい。そういう気持ちにさせるわけです。

そして、10月1日。81日間にわたって休止されていた酒の提供が解禁され、その後25日には、時短の要請も撤廃される。「もつ焼 高賢」は、ついに、フルスロットルでの営業を開始する。

石山「とりあえず、毎日、満席にしたい。休業期間中は、腕が鈍るのが怖かったんですよ。串打ちや焼きの感覚が鈍って、再開したときに、前と違うじゃないって言われることが心配でした。だから今は、とにかく、疲れてイヤになるくらい働きたいですね。ここでは僕たちはまだ、自分たちの力がどれくらいあるのかを、把握していないので（笑）」

以前の店に勤務していた石山さんと客として出会い、その後、結婚。「もつ焼 高賢」オープン後も会社勤めを続けながら店を手伝ってきた沙織さんは、営業再開への思いをこう語ります。

沙織「会社勤めの頃は勤務の後に手伝っていましたけど、いつの間にか毎日店に立つようになり、今年の4月には会社を辞めました。すでに何度も通っていただいているお客さんが多くいて、地元に愛されるお店に少しずつなっていると思うんですけど、これからは、もっと親しんでいただけるようにしたいです」

コロナ禍で足止めを食った感のある店は今、こうありたいと願った理想像へ向けて前進を始めた。「駒込に高賢あり」と広く知られる日まで、快進撃を続けることだろう。■

◇◇◇◇◇◇◇◇◇◇◇◇◇

もつ焼 高賢

【住所】東京都豊島区駒込1-28-15 【電話番号】03-6912-2959

【営業時間】16：00～22：30 【定休日】月曜と火曜

【アクセス】JR・東京メトロ「駒込駅」より徒歩1分

コロナ禍を通じて、酒場の存在意義を確認できた

Bar たか坂

銀座

香の森
季の美
ジン大全
山崎
THE YAMAZAKI
余市
宮城峡
白州
THE HAKUSHU
うまい水割り あり〼
WiFi
Bartakasaka
銀座はちみつ ハニーハイボール あり〼

いちばん怖いのは、お客さんの信用を失うこと

緊急事態宣言が解除された2021年10月。心配された感染のリバウンドは抑えられ、25日からは、東京や大阪など大都市の時短制限もなくなった。いよいよ、本格的な解禁。酒類の提供自粛要請が出された夏の記憶もまだ鮮明ではありますが、酒場は開き、客は、ゆっくり酒を飲むことができるようになった。酒を出すことができない間に、酒場の主たちは何を考え、どう過ごしてきたのか。その間には、コロナ禍を通じて改めて酒場とは何なのかと問うこともあったと推察します。これはまた、飲み手にとっても大きなテーマになった。自分の好きな酒場とはどういったところか。そんなことを見つめなおす機会を与えられた。

だからこそ、気の置けないあの店で、休みの間の話をしながら、じっくり、ゆっくり、時間を過ごす。まずは、そこから始めたい。そんな思いで足を向けましたのが、銀座の「Barたか坂」です。

銀座二丁目。小ぢんまりとしたビルの6階に「Barたか坂」はあります。エレベーターの扉が開き、箱から外へ出ると、店のドアは開け放たれていた。そのまま中に入る。いつものように、オーナーバーテンダーの高坂壮一さんがにこやかに迎えてくれます。

Bar たか坂

伺ったのは9月28日。月の明けた10月1日金曜日から、東京では時短営業の条件付きで酒場が酒を出してもよいようになると、方針がほぼ固まった頃です。

カウンターが8席、2人掛けのテーブル2卓だったが、そのうちテーブル1卓を外し、カウンターも8席から2席減らしている。本来なら混みあえば入口からの通路にあたるスペースで、スタンディングで飲む人もいるという人気店だ。

「お元気ですか。さすがに、長い休みでしたねえ」

日頃の営業のときとまったく変わらない、高坂さんの落ち着いた話しぶり。さすが、ベテランだなと思わせます。

高坂さんは、銀座・三笠会館の「Bar 5517」で修業を積んだ。その当時のお

師匠さんは、名バーテンダーとして知られた稲田春夫さん。名人と呼びたくなる職人気質のバーテンダーだった。入社３年目となる１９９０年から師匠の下でバーテンダー修業をした高坂さんは、稲田さんの右腕として人気を集めた。その後、「Bar 5517」支配人兼チーフバーテンダーを経て、２０１８年４月、現在のお店を開いて独立しています。

オープンからちょうど2年が経過した２０２０年４月。緊急事態宣言が発出された。

「当初は、バーは、クラブ・バーという業態に分類されていて、営業停止の対象だったんですね。だから、うちも、４月から休業しました。それ以来、行政からの要請どおりにやってきましたが、最初に休みを取ったとき、実は楽しみだったんですよ。就職以来ずっと飲食の世界にいますから、こんなに長くお休みを取ったことがない。だから、最初、嬉しかった。休業も2週間くらいで終わるんじゃないかと、軽く考えていましたからね。それが、1ヶ月になり1ヶ月半になると、だんだん不安になってきました（笑）」

その後、最初の緊急事態宣言が明けた後、バーは、居酒屋などと同様に、飲食店の分類に入り、酒の提供ができるようになった。今年（2021年）、1月からの緊急事態宣言中には時短営業で対応。しかし、4月下旬から事態はまた一変したのです。

「酒の提供禁止。正直言って、そう来たかと思いましたね」

酒を出せなければ、料理の一切を出さないバーでは、営業のしようがない。3周年を内々で祝うこともできないまま、やむなく、休業に入った。

「反対意見を出すのは容易ですが、僕は、お客さんとの信頼関係がいちばん大事だと思いました。仮に、店を開けたとして、営業してくれてよかったよと言ってくれる人は、あまりいないんじゃないかと思いました。ほとんどの人は、あの店は要請を無視するのか、という具合に見る。そんなふうに思えたんです。いちばん怖いのは、お客さんの信用を失うこと。お客さんとの約束は絶対だからこそ、信用を失うようなことをしてはいけないと思いました。だから、休むしかない。従うしかなかったわけです」

明るく語る高坂さんだが、胸の裡には心配も詰まっていた。

「考え出したら、すごく不安になります。悩んでしまう。入ってくるお金が止まれば、店を閉めている間、固定費が出ていくばかり。通帳の残高は少しずつ減っていく。協力金が出ても、どうしてもアシが出てしまう。それでも、休むと決めたら、それなりに楽しむしかないと考えました。下を向いても仕方がないから、毎朝9時には銀座に来るようにしています。夕方帰って、フルタイムで働いている奥さんのご飯つくって待っています。家と銀座との行き帰りは、歩いても片道小一時間なので、歩くことも多いですよ。歩けば気もまぎれるし、考えもまとまります。その中で、新しいメニューを考えたりする時間の使い方も覚えました」

高坂さんは現在、ひとりでこの店を切り盛りしています。「従業員がいない分、自分は気楽ですよ」と笑う。けれど、ひとりでいれば、行き詰まってしまうこともあるだろう。愚痴を聞いてくれる人もいないのだからと、そんな話を向けると、高坂さんは笑って即答した。

「僕は、愚痴は言わないんですよ。言霊みたいなことだと思う。口に出したことが、実際のことに影響する、そんなことがあると思っているから。人の悪口も、言えばその分、自分に返ってきますよね。だから、辛い、大変だ、という話はあまり好きじゃないし、自分自身にも言わないわけです」

誰かのせいにしたり、世の中を恨んだり。そんなことはしない。与えられた今の環境の中で、自分にできることを探し、楽しむ。そうすれば、自ずと次のページを開くことができる。高坂さんの笑顔や柔和な語り口が、そういうことを教えてくれるようです。

他の店でなく、「Ｂａｒたか坂」へ行こうと思わせる何か

そして、高坂さんは、４月下旬からの２ヶ月近くに及ぶ休業期間に、新メニューを考案したのです。

「焼酎には〝前割り〟という飲み方があります。事前に水で割っておいたものを翌日に飲むスタイルです。あれをウイスキーでやってみようと思いました。僕自身、この10年くらいを考えれば、ハイボールばかり飲んできました。世の中も、今はハイボールのお客さんが多いですね。だからあえて、水割りで新しいものを出そうと考えたんです」

さまざまなウイスキーと水を取り寄せ、高坂さんは、自宅で試行錯誤を重ねました。ウイスキーはミネラルウォーターとの相性はよく、水を加えることで香りが開く特徴がある。もちろん、味わいもマイルドになっていく。その加減は、何日目がいいのか。水に馴染ませ、熟させるような塩梅で、ベストなタイミングを見ていく。そして高坂

Bar たか坂

さんは、ひとつの結論を得た。

「サントリーの『山崎12年』1に対して、国内採水のミネラルウォーターを3の割合で調合します。もうひとつは、スコッチの、スモーキーフレーバーのあるシングルモルト『ラフロイグ10年』1に対して、イギリス南部ハンプシャーの『HILDON』というミネラルウォーターを2の割合で調合します。日本のウイスキーには軟水、スコッチには中硬水がよく合うようですね。寝かせる日数もいろいろ試しました。1日、3日、5日と経過を観察していくと、10日~14日あたりがピークで、それを超すと酒のうまみが抜けてくる感じがある。だいたい、10日くらいからが飲み頃ですね。それをよく冷やしておいて、ちょうど冷酒を飲むときのようなグラスに注いで、冷たいまま召し上がっていただきます。6月に営業再開したときにお出ししたら、喜んでもらえました」

客層は20代から80代と幅広いが、中でも40代から60代がメイン。おいしいウイスキーの魅力を知る人も少なくない。そのお客さんたちの舌に訴えかけた前割りのウイスキー。今後、この店のひとつの看板になることでしょう。

6月の時短営業再開のとき、高坂さんは思ったことがある。

「みなさん、外で飲むのが久しぶりだから、嬉々としてお酒を召し上がっていた。その姿を見るのは、私としても、とても嬉しかった。それから7月にまた休業になって、

9月いっぱいまで休んできたわけですから、今は逆に、常連さんの好きな飲み物や銘柄を忘れてないか、私の方が心配ですよ。まあ、すっと出てこなかったら、忘れました、何でしたっけって、聞いちゃえばいいかと思っています（笑）。コロナ禍を通じて、酒場は重要なものなんだなという思いを強くしました。酒場の存在意義を再確認できた。そこで今、改めて思うのは、バーでは、そこで何を飲むかよりも、誰と飲むかが大事ということです。かつて、三笠会館の『Bar 5517』に勤めていたときに、部下たちに、こんなことを言っていました。あの店のナニがうまい、ではなく、あの店の良さは、行けばわかるものだよと。お客さんにそう思ってもらえるような店になろうというとても抽象的な話ですが、その何かがなくなると、バーの魅力はなくなってしまうと考えていました。その考えは、今も変わらないということですね」

そう。常連さんは、「Ｂａｒ たか坂」の酒を楽しみにしている。それ以上に、この店で、高坂さんとの会話を楽しみながら時間を過ごすことを、大事に考えている。

他の店でなく、「たか坂」へ行こうと思わせる何か。それは、出かけてみれば、わかるもの……。高坂さんの話を聞きながら、筆者も、そんな思いを新たにいたしました。

そして、２０２１年10月28日。高坂さんのもとを訪れてみました。営業は午後2時から。お客さんは次々にやってきて、みなさん、楽しそうに、ゆったりと、午後の酒を楽しんでいた。
ウイスキーの前割りも、もちろんいただきます。どちらも、抜群。このうまさ、この発見の秀逸さは、やはり、行ってみて、味わって初めてわかるもの、と申しておきましょう。

Bar たか坂

【住所】東京都中央区銀座2-4-19 GINZA SENRIKEN 6階 【電話番号】03-6228-7087
【営業時間】14:00~22:00(L.O.)【定休日】月曜 他に不定休あり
【アクセス】東京メトロ「銀座一丁目駅」より徒歩1分

ありがたいのは、とにかく営業できること。お馴染みさんが戻ってきてくれたこと

大黒屋

横浜・野毛

何があっても、地べたは残る。そんな思いでおりました

2021年10月25日。年初以来、継続して営業制限を受けてきた酒場への酒類提供自粛の協力要請が全面的に解除されました。ようやく、酒が全面解禁になったわけです。ひとまず、めでたい。酒好きたちは馴染みの店に顔を出し、しばらくぶりの挨拶をして、おいしい酒を飲む。元気でまた会えたありがたさを噛み締めながら飲む酒は、また、格別の味がするものです。

一方、店サイドは、まだ手放しでこの状態を喜んでいるわけではないようです。多くの酒場の主たちが休業中に口にしていたのは、昔のようにお客さんが帰ってくるかどうかということ。いったん距離のできたお客さんとの間を、何事もなかったかのように埋めることができるかどうか、という心配でした。

若者からベテランまで酒飲みが多く集まる、横浜・野毛。この街の、昔ながらの雰囲気を今に残す創業58年の歴史を誇る居酒屋「大黒屋」も、長い休みからようやく平常な営業形態に戻りました。群馬生まれの創業者の奥様で、現在の女将さんの宮地ふじ枝さんが野毛へ来たのは18歳のとき。昭和41年のことです。

「その頃、主人は今とは別の場所で6坪の小さな店をやっていました。それから結婚して子供が生まれたときに、古いお店を買って今に至るんですが、買ったときに2階

大黒屋

の半分を宴会場に、半分を住居にしました。子供たちが寝ている部屋の奥が宴会場だったので、酔ったお客さんが間違えて戸を開けて、『あ、子供が寝てる！』って驚いたりね」

店は現在、1階から3階までフロアがあり、満席になると収容客数は100人を超える。ご主人が亡くなった後は女将さんが経営を引き継ぎ、3人の娘さんのうち、お二人が店に出て手伝っている。家族経営の老舗には、古い常連が多い。

コロナ禍の続く中、野毛の様子にも変化があったようだ。

「時短になったり、それが解除されて、また時短になったり、そういうことを繰り返してきた中で、現在では少し賑わいは戻ってきましたが、まだ本格的ではないですね。お客さんが、時短慣れしたのか、家飲み慣れしたのか、お帰りが早いんです。うちは通常は夜11時まで営業しているんですけど、そういうときでも、時短のように9時そこそこになると帰りはじめる。お客さんに伺ったら『これぐらいの時間に帰るのが、いちばんいいいかもしれない』って。翌日のことも考えて9時、10時に帰るのがベストだね、とおっしゃってました。まあ、あんまり遅くまで飲んで、翌日に影響するよりはいいいと思いますけど」

これと同じ話は、酒場の営業が時間も含めて全面解禁になった現在、さまざまなところで聞かれます。お客さんは来てくれるけれど、とにかく帰りが早い。たしかに酒好きの人々の健康にはいいことかもしれないが、酒場としては、そうそう喜んでもいられない——。

「短時間で終わってくれれば、それはそれでいいんですけど。でも、ちょっと寂しい。以前は、他所の店で飲んでいた方が、二軒目、三軒目に寄ってくれることもありましたけど、今はみなさん、サッと帰られます」

それでも、10月1日に酒の提供が解禁になった直後には、大きな喜びがあったという。

「ありがたいのは、営業できることです。お客さんが戻ってきてくれたことです。お馴染みさんが戻ってきてくれて、『元気だったか？』って言ってくれるのが、本当に嬉しい！『生きてたか？』って言ってくれた人もいました（笑）」

コロナ禍に見舞われて、早いものですでに1年半を過ぎています。初期の頃、女将さんはどんなことを思っていたのでしょう。

「長く商売をしてきましたから、バブル崩壊もリーマンショックも経験しています。野毛の場合は特に、バブル崩壊後に東急東横線がみなとみらいに延伸したことで、それまで終点だった桜木町駅に東急が来なくなった、その影響が大きかったですね。この通りも閑古鳥が鳴いて、今回のコロナに匹敵するぐらいに暇でした。活気が戻るまでに、かなり長い年数がかかったんです。電車一つでこんなに人の流れが変わるのか

天婦羅
季節料理
刺身各種
大黒屋
鍋物
盛合せ
宴会承ります
電話231-2598
大黒屋
天婦羅
焼
キリン一番搾り
とり
お好み天婦羅
各種鍋料理
有り難う御座います

と思いました。本当に怖いですよ。どん底を見たような感じがありました。で、また、このコロナでしょ。コロナは電車と違って世界的なものだから、致し方ないとは思いますが、厳しいのは厳しいですよ。ただ、ここは持ち家なんで、何があっても、地べたは残る。そんな思いでおりました（笑）」

女将さんはそう言って笑顔を見せるのだが、言うほど容易な事態でなかったのも事実のようです。

「今年（２０２１年）の4月下旬にお酒の提供が禁止されたとき、最初はノンアル営業で店を開けたんですが、お客さんに見事にフラれましてね。最初の数日はランチもやったけど、昼時に12～13人は入ってくれても、そのためにスタッフに出勤してもらうと売上に見合わない。だからやめてしまって、従業員への支払いは雇用調整助成金を使って、他に営業自粛の協力金で、今は我慢しようと思いました。ただ、一番しびれたのが協力金の入金が非常に遅かったということです。その間に辛抱しきれないところが、結構、店を畳んでるんですよ。冷蔵庫回せば電気代はかかるし、月々の必要経費もかかります。うちの場合なら、従業員の社会保険料も支払うわけですから協力金が入ってこないと持ち堪えられない。自分の蓄えから負担していかなければならない。何ヶ月も先延ばしされるとちょっと無理というところもあります。あるお店のご主人も『ダメだよ、家賃が毎月出ていくんで、まかないきれない。だから営業せざるを得ない。うちは要請を無視してでもやるよ』って。でもね、それは、致し方ないことですよね。店ごとに事情が違うし、それを責めることはできないでしょう。だから、それはそれでいいんですけど、こういう状況だから、あんまりお店でワイワイ騒がせるのはどうかなって思います」

女将さんには、自分の店を守ろうという思いのほかに、もっと深いところで、野毛という街を守りたいという思いもあるようです。

「うちのお馴染みさんは年代的には40～50代ぐらいが多いですかね。みなさん、みなとみらい以前の、昔の野毛を知っている人たち。その時代に、先輩や上司に連れられて、野毛でお酒を飲むことを教わった人たちですよ。かつて野毛が賑やかな街になったのは、港があったからです。港湾労働者の人も、いろいろな会社のサラリーマンの人も、みんな野毛へ来てくれて、野毛がいい街になった。昔はね、桜木町駅のまわりに、まだ草が生えていて、貨物列車が走っていたんです。今の赤レンガに続く線路です。それが、三菱のドックがなくなって、みなとみらいに変わって、港のお客さんはいなくなってしまった。それから長い復興の時間があって、みなとみらいのイベントも盛んになって、野毛にはまた人が帰ってきた。でも、若い人が集まる店が増えてね。うちのお馴染みさんたちは、野毛は変わったっておっしゃいます。でも、だからこそ大黒屋さんには変わらないでいてほしいとも言われます」

客の言葉を全身で受け止めるかのように、大黒屋は昔のままの大黒屋であり続けようとしている。女将さんの口ぶりから、ふと、そんなことを思います。

「長いようで短かったですね。つい、こないだまでお店をバタバタ走り回っていたような気がするんですけど、今は走れない（笑）。昔は、長手っていう大きなお盆にお料理のせて2階まで駆け上ってたのね。お皿も結構重たいから、しっかり持ってね。当時は、結構腕っぷしが強かったですよ（笑）。メニューもいつの間にか増えましたね。焼き鳥と天ぷらで始めた店ですが、もともと和食の職人だった主人は刺身や茶碗蒸などをお出しして、そのうちに、お客さんの食べたいものを増やしていったら、こんな風になっちゃった」

お皿に盛られ、客の前に出された天ぷらからふわりと湯気が立つ。そんな、絶妙な揚げ加減の天ぷらは、亡きご主人の極め付きの一品だった。今も、昔からのご常連が、「親父の天ぷらは違ってたなあ」というひと言を漏らすという。

今の人たちは、〝飲み道〟みたいなものの教育を受けてない

飲み屋には、客を導く役割もある。女将さんは、常日頃、そういうことも思っているらしい。たとえば、コロナ禍にあって、野毛の賑わいがネガティブな感じでクロー

ズアップして報じられたりしたことに触れて、こう言う。

「それはね、クローズアップされないように、店側が気をつけないといけないことなんです。騒いでたら『すいません、こんな時期なのでお静かに』って。あとは『マスクしてください』とか、『離れて座ってください』とか、店側が仕切ればいい。ただ、要請を守っている店と守っていない店があると、お酒を出す店にどうしても集まってしまう。そうすると店もどんどん詰め込んでしまう。ただね、儲けたいのはわかるけれども、やっぱりお客さんを、ちゃんと仕込んであげないとダメ。こんな時代なんだから店側でちゃんとそこをやらないといけないんじゃないかなって、思います」

これは、モラルの問題ではある。しかし、単純にマナーを守れと叫んでいるわけではない。人々が集って安心して楽しく酒を飲む場を守ろうという気持ちの問題だ。街を愛する気持ちの問題なのだ。

「あまり騒ぐお客さんがいると、うちでは注意します。すると、最初は静かになる。でも、またすぐに騒ぎ出す。あまりひどいときは、出てもらうこともありますよ。私が思うのは、今の人たちは、たぶん、上役の人に連れられて『ここは俺の店だから、ちゃんとしなさいよ』っていう教育を受けてないんじゃないか。昔なら、『ここは俺の店だよ、迷惑かけるなよ』って上役の人が言ったものですよね。だけど今の子たちって、自分たちだけでワイワイ飲んでいて、〝飲み道〟みたいなものの教育を受けてない。教育する人がいないんじゃないですか。しつこく飲みに誘うとパワハラになっちゃうらしいし（笑）」

あまり堅苦しいことは言いたくない。けれど、酒場には酒場の、ルールがある。それを、今、73歳の女将さんが、若い世代にも教えたいと思っている。これは、昔も今も変わらぬ、店が客を思う気持ちでしょう。そして今、客側に求められるのは、何かと気配りのたいへんな店側に積極的に協力することかもしれない。これも気持ちの問題だ。

「第6波は来ると思うんですよ。年末に人が増えて、来年の1月とか2月とか。コロナはわからないですからね。だから、店でマスクをしていただくことが大事だし、静かに飲むことも大事。ある意味、このコロナっていうのが、お酒を飲む人にとって、ちょっといい勉強になっているんじゃないか。若い人たちも、最初は自分たちには関係ないという人が多かったですけど、今は、少し自重する傾向があるんです。『少しうるさいわよ』って言うと『はい、ごめんなさい』って言って静かになる若者が増えてきました（笑）」

楽観しすぎず、かといっていたずらに悲観もしない。長く女将を続ける人のやさしさが、その言葉にこもっています。そんな女将さんの最近の悩みは、テーブル上を仕切るパーテーション問題。マスクについては、マスク飲食のモニターとして6ヶ月間は神奈川県の政策局からマスクを届けてくれるので、必要な顧客には飲食用マスクを配るという県独自の制度にも、当面は費用負担なしで対応できる目途が立った。が、テーブル上を仕切るパーテーションは、ちょっとばかり厄介なのだ。というのも、店では冬季、牡蠣、アンコウ、カニなど7種類の鍋料理を用意する。ひとり客用に一人前から提供する、店の名物料理なのだが、2人、3人で鍋を囲むとき、パーテーションがあっては、鍋が置けない。女将さんは今、思案しているのです。

酒場の主として、女将さんがいちばん大事にしていることは何ですか。最後に、こんなことを訊いてみました。

「お客様が、ケガをせずに、無事に帰っていただくことですよ。店を出て、ちゃんと歩いて帰られるまで見届ける。そこまでが、私たちの仕事だと思っていますよ」

酒好きにとって、これほどありがたい店があるだろうか。

我ら酒好き、女将さんの言うことをよく聞いて、コロナ禍を生き抜く〝飲み道〟をもう一度、見つめなおしたい。

◇◇◇◇◇◇◇

大黒屋

【住所】神奈川県横浜市中区野毛町2－71－4　【電話番号】045－231－2598
【営業時間】15：30～22：10（L.O.）日曜は～20：15（L.O.）【定休日】不定休
【アクセス】JR・市営地下鉄「桜木町駅」より徒歩5分

こんなときだからこそ、いいものを出したい。
今までより頑張っちゃうんだよね

なか川

神田

サラリーマンじゃないから退職金もないし、まだ稼がないといけない

営業時間短縮要請が解除され、従来どおりの営業ができるようになって、はや、ひと月近くになろうとしています。多くの酒場には、お客さんの姿が戻りました。しかし一方では、客足の戻りが鈍いとか、夜遅くまで飲む人が激減したといった声が聞かれているのも事実です。

家飲みの習慣が定着したという見方もありますが、そもそも、オフィスに出勤しない勤務形態で働く人が増えているから、仕事終わりに誘い合わせることは逆に減っている。街中を見ても、夜遅くになると、以前に比べて人の数が少ないことが実感される。

そんな中で、酒場は、今年になってやっと訪れた平常営業のチャンスに、どんなことを考えるのか。

神田のJR高架下にあるおでん屋「なか川」を訪ねます。仕事の合間に、お話を聞かせてくれたのは、店主の中川尚《なかがわたかし》さんです。

渋い暖簾をくぐって店へ入ると、L字のカウンターがあり、その中から、中川さんの柔和な笑顔が迎えてくれる。

「はい、いらっしゃい」

L字の短いほうには詰めれば4席。角におでんの鍋を設え、その横にはコンロを据えて鍋を置き、酒の燗もここでつける。徳利を一本一本、鍋の湯で熱し、途中、加減を見ながら、ほどよいところで客に供してくれる。

L字の長いほうには、6人くらい座れるだろうか。客の前には、惣菜の皿がずらりと並ぶ。

たけのこ煮、牡蠣の揚げもの、煮た大豆、干し穴子の焼き物、茹で落花生、すみいかのゲソ、黒豆、きんぴらごぼう、茄子、万願寺唐辛子、いんげんの揚げ、いわし丸干し、ポテトサラダ、チャーシュー、ワタリガニ。

おつまみに、それぞれ少しずつ盛っていただくにしても、これだけの種類の中からぜいたくに選べる。酒肴は他に、刺身やお手製の魚の干しもの、この季節、土瓶蒸しも用意する。時短営業への要請が解除されたばかりの時期に、ひとりでこれだけのおつまみを揃えた。

そして、店のメインは、おでんだ。

「えび巻、ひらたけ、ねぎとまぐろ、たこ、ゆり根、よもぎ麩、菊菜、わかめ、玉子、バクダン、里芋、玉ねぎ、えび芋、大根、がんもどき、しらたき、こんにゃく、白子、銀杏、こんな感じかな」

太い箸で鍋の中身をつつきながら解説してくれる。えび巻、ロールキャベツ、さつま揚げ、ふくろ、つみれなどは、中川さんの手づくり。

「僕は車海老が好きでね。でも、車海老は高いでしょう。だから、あまりピンピンしてないヤツを買う。他の海老と比べたら、それでもおいしいから、死にかけを買ってくるの（笑）」

楽しい話の小ネタも挟んでくれる。仕入れは、魚河岸へ通う。店へ戻って仕込みを終えると、少しの時間を使ってスポーツセンターで軽く泳ぎ、夕方5時から店を開ける。

魚釣り、山歩きが好きで、合間にうまい蕎麦屋を探して立ち寄ったりもする。絵が上手で、毎年、寒中見舞いに素敵な版画のハガキを配る。ゴルフもうまい。中川さんは、なんでもできる人なのだ。

「長く、店を休んでいたでしょう。だから、仕事もいろいろ、忘れている。いや、やる気がなくなっているのかもしれない（笑）」

訪ねたのは、時間制限なしで営業ができるようになって間もない頃。飲み手の側も、お店の側も、まだ、昔の勘が取り戻せないような、そんな時期だった。もどかしさを、照れ笑いで隠しながら、話を続けた。

「ずっと、要請のとおりにしていましたけど、今年（2021年）の5月でしたっけ、酒が出せないようになってからは休んでました。7月ごろ、少しだけ開けたけど、そ

おでん
なか川

の後また、酒が出せなくなって。こんなことは、初めてですよ」

店はこの11月で、開店から30年を迎えた。中川さんは、70代後半。体力に十分な自信のある時期ならいざ知らず、このタイミングで、店を休まざるを得ないのは、気力にも影響するのではないだろうか。中川さんがひとりでてきぱきと仕事をこなす姿を眺めながら飲み喰いするのが好きな常連さんの多くが、そんなことを心配していることだろう。しかし、当の中川さんは、いろいろ仕事を忘れてると照れながらも、楽し気に働くのです。惣菜の牡蠣がとてもうまいので、これ、どうやって作るんですか、と不躾なことを訊いても、嫌な顔ひとつせず、むしろ笑顔で、教えてくれる。

「これね。最初湯掻いて、水気を切って、それから片栗粉をつけて揚げるの。味付けはね、醤油や味醂を煮詰めて、それにさっと絡めてね」

2階は小さな座敷で、ちょうどこの晩は、若いビジネスマンたちが久しぶりの飲み会を楽しんでいた。漏れ聞こえる笑い声を耳にして、「上は、今日は楽しそうだね。みんな、お酒飲む機会がなかったからね。昔の生活が戻ってきたのかな」と、中川さんは目を細める。

「休んでいる間は、家にいて、大谷選手の試合を見たり、撮りためていたゴルフの録画を見たりしてましたよ。あとは、朝夕の犬の散歩ですね。家内に懐いていたんだけど、今は、僕が面倒みないと」

2年前に奥様を看取った後は、犬のお世話も中川さんの仕事になった。休業中とはいえ、ご自宅の家事全般があり、店関連の各種の支払いもある。実は、時間はなかなか取れないのだった。そして、10月1日。酒の提供ができるようになって、中川さんは店を開けた。

「最初、意外とヒマだったんですよ。どうってことなかった。でも、今日あたりは、上にもお客さんが入ったでしょう。身体がなかなかついていかない。いろいろミスしたり、バタバタしたり、どうやっていいのかわからない（笑）」

やる以上は、ヘンなものは出せない。いい加減にはできない

お手製の惣菜をつまみながらビールを飲み、刺身と丸干しを頼んでからは、日本酒に切り替える。酒は灘の「白鷹」。この本醸造を燗でもらう。夏場でもおいしい、ほどのいい辛さの燗酒は、中川さんのつくる酒肴によく合う。

徳利も2本目、3本目くらいになったら、さあ、いよいよおでんの時間。白子、菊菜、えび巻、銀杏など、おでん鍋からすくってもらう。汁の具合はあっさり、すっきり。上品で、ゴテゴテとした濃いタイプのものとは違う。そうでなければ、ふわりと浮かべた白子が引き立つとも思えない。

自分の舌で味わって、これはうまいなと本心から思えるものを選んで仕入れ、調理して出す。それもリーズナブルな値段で出す。そういうことに、楽しみを見出している。お話を聞くたびに、そう思わせる。うまい酒肴で酒を飲むというただそれだけのことで、なんとも幸せな気分になれる。「なか川」に行きたくなる動機がこれだ。

休んでいる間、中川さんは、この先の過ごし方をどんなふうに考えていたのか。年齢のこともある。引退を考えたりはしなかったのか。この店を愛するひとりとして、少し酔った勢いで、そんなことも訊いてみました。

「サラリーマンじゃないから退職金もないし、お金は店に注ぎ込んできましたか

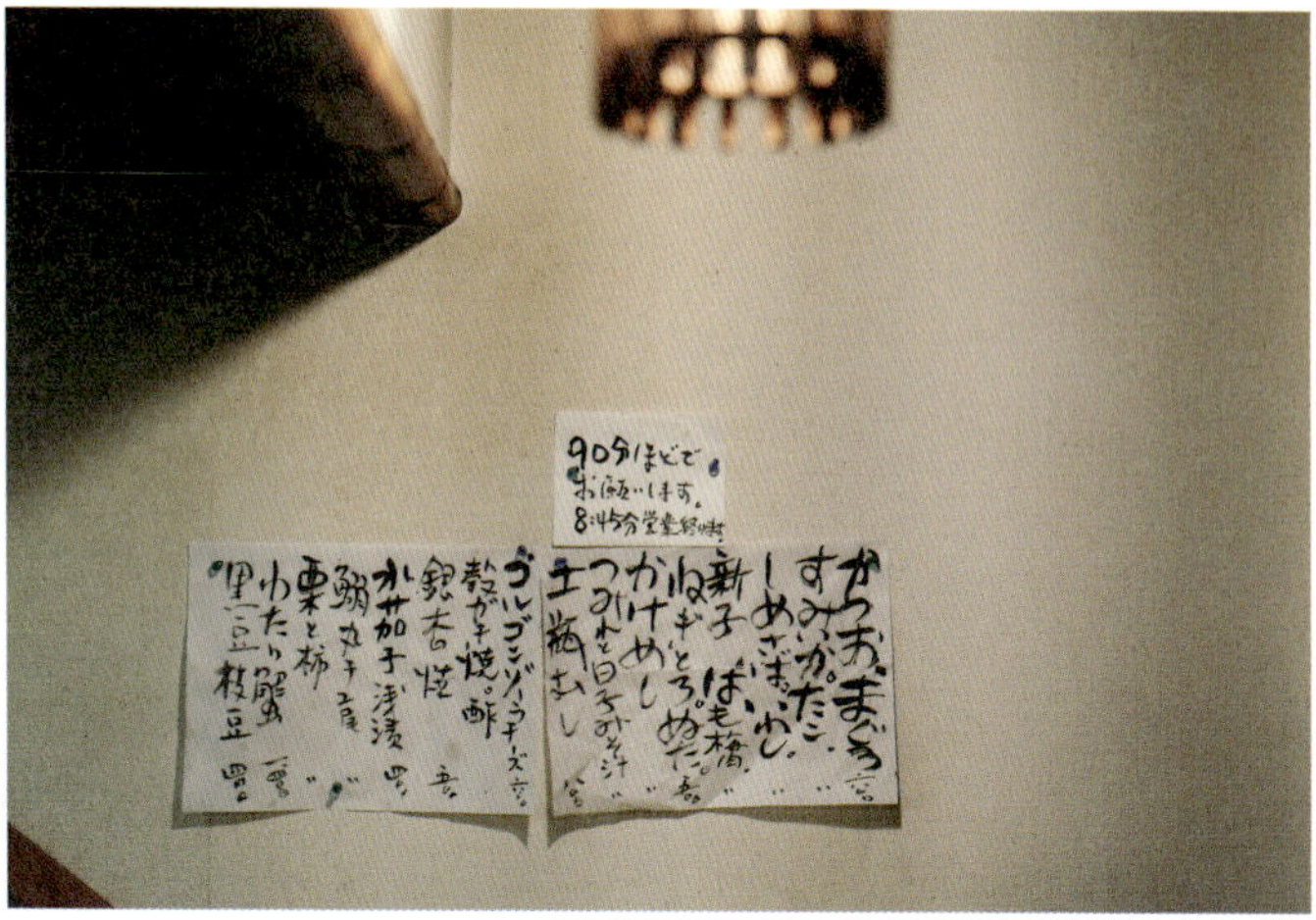

らね。まだ稼がないといけない。それに、たとえば、すごく年をとっても元気で頑張っている豆腐屋のご主人とか、いろんな人も見てきたから、仕事はしていたほうがいいと思う。ただ、ちょっと、多すぎるんだよね。こんなに、いろいろやると、今日みたいに2階にも入ると、本当に忙しくなっちゃう（笑）」

おでんダネに、上等な刺身の数々、汁物、ご飯もの、焼き物、煮物。ひとりでやるには品数は確かに多い。多すぎる。それを自嘲気味に笑うのだが、一方で、こうも言うのです。

「やる以上は、ヘンなものは出せない。いい加減にはできない。日本の多くの職人さんたちがそうしてきたように、細く長く、やりたいなと思います。ただ、本人、一生懸命やってるつもりなんだけど、追いつかないのよ（笑）。それでも、こんなときだからこそ、今までよりグレードを上げてね。みなさんにお出ししようかなと思う。それで、頑張っちゃうんだよね（笑）」

　おでんの後に頼んだ、まぐろとねぎのぬたのうまさに思わず相好を崩しながら、こちらはまた、酒を追加する。同行のスタッフには、こちらの締めの名物、かけめしを勧める。ご飯にまぐろの漬け、胡麻、わさび、刻み海苔、三つ葉をのせて、おでんのつゆをかける。お新香の小皿には削りたてのかつお節をぱらり。1分もあれば、さらさらと胃袋に収まってしまう最後の出汁茶漬け。

　このうまさは、記憶に残る。きっと、離れられない人がいる。実は、中川さんはそのことをよく知っていて、その人たちのためにも、この仕事、そうそう簡単にはやめられないと思っているのかもしれない。隣り合わせた常連の方に、ふと、訊いてみたくなりました。

「この夏の、長い休みの間、中川さんのこと、心配されたんじゃないですか」

　常連さんは、やはり、照れたように笑いながらおっしゃいました。

「いやあ、ちょうどいい骨休めになったんじゃないですか」

　たったひと言に、また会えた喜びが込められている。お店と客の長い付き合いの中で生まれる互いへの思いやり。連帯感とも呼びたくなるような思いを、そこに感じることができる。こうして、元気に店を開けてくれたことに感謝して、また以前のように、ちゃんと足を運んできますよ。言葉にはしないけれど、静かでやさしい思いが、この店のカウンターにはある。

いい店とはつまり、かけがえのない人だ。会えない時間があったからこそ、そんな当たり前のことに、気付けたのかもしれません。

◇◇◇◇◇◇◇◇

なか川

【住所】東京都千代田区神田須田町2-12-3 【電話番号】03-3251-6321

【営業時間】17：00〜21：00 土曜は17：00〜20：30 【定休日】日曜、月曜、祝日

【アクセス】JR・東京メトロ「神田駅」、都営新宿線「岩本町駅」より徒歩4分

営業再開の日、涙を流して飲んでいる方もいらっしゃいました

市民酒蔵 諸星

横浜・新子安

店を開けなければ客は離れていく、それが先代の口癖だった

酒場営業の時間制限が解除されてから1ヶ月以上の時間が過ぎました。東京都では、認証店であれば1テーブル8人まで座れるように規制が緩和され、大きな忘年会とはいかないまでも、少人数で集まることができるようになりました。グループでなくても、たとえば隣り合わせた常連さんと、より親しく会話をしながら飲み食いできる。それくらいの安心感が生まれてきた昨今、酒場は、苦しかった制限期間を取り戻すべく、努力を続けています。お話を伺いましたのは、時短営業が解除された2日目の、2021年10月26日のことです。

「市民酒蔵 諸星」は昭和初期に酒屋さんとしてスタートし、角打ちを経て酒場となった老舗中の老舗。横浜で戦前から組織された市民酒場の流れを汲む、残り少ない店の一軒です。お話を聞かせてくださった諸星道治さんは、同店の三代目。昨年4月の緊急事態宣言発出以来、行政の要請に従ってきたということです。

「神奈川では今年の7月22日から酒類の提供自粛要請が出されました。当初、うちではノンアルコール飲料だけの営業をしてみたのですが、これがあまりうまくいかなかったですね。ノンアルコールのクラフトビールを取り寄せたり、工夫はしてみたものの、やはり酒が出せないと、難しいです。というのも、うちの常連さんはよく飲む人

ばかりですから、お酒があるのに出さないと、盛り上がらないし、逆にクレームが出てしまう。お客さんが座っている目の前が酒の棚ですから、『なんだよ。酒、あるじゃん』ってね」

「笑っているだけなら、いいんですけど、そういうお客さんの中には、仕事もないし酒も飲めないのでは、生きている気がしない、なんておっしゃる人もいて。店に来ていただけても、そういう人に酒を出せないと、酒を飲めない哀しさを、こちらも痛切に感じてしまう。だから、一度はノンアルコールで店を開けてみたけれど、むしろ、開けなかったほうがよかったかなと思うくらいでしたね」

「市民酒蔵 諸星」の先代は常に言っていたそうです。どんなに身体がしんどくても店を休んではいけない。店を開けなければ客は離れていくと。父が口癖のように言っていたことを、息子である諸星さんはこれまで律儀に守ってきた。けれども、ノンアルコールでも店を開けるべきだと考えたわずかの期間に、その考えが少し変わったといいます。

「休まなければダメだという時期もあると思い始めたんですね。ノンアルコール飲料だけで店を開ければ、それはお客さんにストレスをかけることになる」

もちろん、諸星さんも、店を開けたかったのだ。店を閉じている間は、何をしたらいいのかわからなかったと振り返ります。

市民酒蔵 諸星

「酒類の提供自粛直前には、お客さんが多かったんです。夏場は、栓を開けてしまった日本酒は品質が保てないから飲んでしまうしかないわけです。だから、どの銘柄も、1杯300円とか400円とか、品によっては原価みたいな値段で売りました。生ビールは、最終日には1杯200円で出しました。でも、酒の提供ができなくなって休業に入ると、私も、店に出てきても、やることがない。夜も早く寝て、朝4時には目が覚めちゃう。コロナ以前には、遅いお客さんに付き合って深夜まで店を開けたりしたこともあったのですが、その頃と、昼と夜が逆転したかたちになりました」

新子安駅前にあるこの店は、京浜工業地帯の工場で働く人々に愛されてきた。この土地は、自動車、素材、石油関係など、日本を代表する大企業のお膝元だ。長く通う常連さんの中には、諸星さんの子供の頃を知る人もいる。そして、常連さんの多くは今も、この店のコンクリートの床に置かれた丸椅子に座って、細い木製のカウンターに、安くて、おいしいつまみと酒を置き、ひとり黙々と、あるいは隣り合わせた人と語りながら、酒を飲む。

その場の一員になることは、さまざまな酒場を知る経験豊富な呑ん兵衛でさえ憧れるほどのものだろう。だからこそ、この店の大きな暖簾をくぐるのには、ちょっとばかりの勇気もいるのです。

「昔は、喧嘩が多かったですねえ。あっと思ったときにはもう、なんだこのやろう！って（笑）」

諸星さんは楽しそうに、昔を振り返る。昭和の酒場でよく飲んだ人の中には、そうそう、そういうことがよくあったねと、相槌を打ちたくなる人もいるのではないか。

酒場は、人と人を結び付けるコミュニティ

日本酒の種類は実に豊富だし、たっぷりのキンミヤ焼酎に梅シロップを垂らしただけの割梅ロックも人気だ。棚の端のほうには、スコッチウイスキーのアイラモルトやシャルトリューズというリキュールのボトルも見える。全体に黒光りしているような風格のある店内で、客は思い思いに、好みの酒肴を頼む。

もつ煮や漬物、キャベツと豚肉だけのシンプルな焼きそば。それから、質のいいマグロや〆サバ。焼売なんかも捨てがたい。そして、どれも、とても安い。消費税が10パーセントに引き上げられたとき、店ではそのまま10パーセントを乗せた価格にする

のではなく、元の価格の見直しをして、常連さんたちが日ごろ使う金額にあまり変化が出ないようにした。そのため実質的な値下げになる品も少なくなかったようだが、長く通ってくれる客の多い店では、人一倍の神経も遣うらしい。

　そうした苦労に加えて、営業休止である。長い店の歴史の中で、これほど続けて休んだことなど、当然のことながら、ないのである。諸星さんもさすがに考え込むことがあったという。

「酒屋さんや魚屋さんに会うと言われるんですよ。うちらは休んだら死活問題だと。私たちのような飲食店には協力金が出ますが、彼らには出ません。だから、このまま休んでいていいのかなという気持ちになるわけです。禁を破って営業し

市民酒蔵 諸星

てしまおうかとも思う。けれど、それはできない。罰金が嫌だからとか、そういうことではなくて、長いことやってきたうちの看板に傷がつくと思ったんですね」

休業中でも諸星さんは酒屋さんや市場に顔を出したといいます。

「酒屋さんでは、自宅飲み用の酒は出るらしいですが、それは四合瓶がほとんどで、飲食店へ出荷するような量にはいかない。市場へ行ってみても、中に入っているお店がクローズしていたり、開いてはいても扱う商品が絞られていたりしました。たとえば鶏卵の業者がなくなったし、うちでいつも取っているチョリソーが、市場の店頭から消えました。市場だから、必要な分だけ買えるわけですけど、そこにないとなると、メーカーから取り寄せることになるので、まとまった量を仕入れないといけなくなる。これも、コロナの影響なんです。酒場には協力金が出ましたが、関連するところは、本当にたいへんです。そういう状況ですから、やはり、気持ちは凹みますよ。休んでいる間、ずいぶん、凹んでいました。今は店を再開できたからこうして話をしていますけど、店を閉じている間だったら、何もお話しすることができなかったと思います」

諸星さんは8月にワクチン接種を受けたが、その後体調がすぐれなかった。気持ちに張りが戻ったのは、緊急事態宣言が解除になるだろうと予測された時期になってからのことだった。

そして迎えた10月1日。客はやってきた。

「涙を流して飲んでいる方もいらっしゃいました。『缶ビールじゃ、この味はしないんだよな』とか、常連さん同士で『あ、お前、生きていたか！』とか、そんなことを言い合ったり。私は淡々と店を開けるのが務めと思っていますけど、嬉しかったですね。まだ、お顔を見ていない常連のお客さんもいらっしゃいますが、それでも、うちは、お客さんの戻りが早いと思います。開けるまではとても不安だったのですが、開けてみたら出足がいいので、うちはまだ、いいほうなのかなと思います。同業者の話を聞くと、リモートワークとか、同僚や顧客との会食禁止とか、そういうことの影響で思ったほどお客さんが戻らない店もあるようです」

時短営業や酒提供禁止の要請に従った飲食店に給付される協力金も、行政による制限がなくなれば、ゼロになる。一方で、営業時間を短縮したり休業したりした期間に細くなった店と客とのつながりを補塡する制度はないのだ。そんな中で、今、酒場は、年末年始という、正念場を迎えようとしている。

「うちに初めて来るお客さんは、異次元空間みたいだという人がいます。あるいは、アミューズメントパークみたいだと（笑）。たしかに、今の時代にはあまりない空間ですから、ハードはこのままなんとか残して、ソフトの部分で、時代に添うように、少しずつ変えていこうかなと」

コロナの先行きは不透明だから、今はただ、やれることをやるのみ。そうして、年を越し、来年の春を迎える頃には、また新しい展望も開けてくるだろう……。多くの酒場と同様に、諸星さんも、今このときに、集中しているのではないだろうか。

職場の上司や先輩が部下や後輩を連れてきて、酒を教え、酒肴を教え、店と、そこでの過ごし方を教えた時代がある。そう昔の話ではない。「市民酒蔵 諸星」のような、昭和の時代を今にはっきりと感じさせる酒場には、そんなころの賑わいがある。何事か声高に語る酒好きたちの息遣いが、満ちている。ここには、職場や地域社会から続く、人と人を結び付けるコミュニティとしての役割が残っているのだ。コミュニティの中の酒場ではなく、「市民酒蔵 諸星」という酒場それ自体が、かけがえのないコミュニティ。そんな「場」を盛り上げていくのは、人と人との温かいつながりを大事にする酒好きたちひとりひとりの、大事な役割なのかもしれません。

市民酒蔵 諸星

【住所】神奈川県横浜市神奈川区子安通3-289【電話番号】045-441-0840
【営業時間】16：30〜22：00（L.O.21：00）【定休日】土曜、日曜、祝日
【アクセス】JR「新子安駅」、京浜急行「京急新子安駅」より1分

魚貞

幡ヶ谷

普通のものの普通のおいしさ。若い人たちが、
そのかけがえのなさに気づきはじめている

営業できない間、貯蓄を切り崩して凌いできました

２０２１年10月25日に、時短営業の要請も解除された飲食業界ですが、それから１ヶ月以上の月日が経ちました。多くの店で、客足はかなり戻ってきたけれど、以前のようにはいかないという話が聞かれます。また、飲みには来ても帰る時刻が早く、以前なら、まだまだこれからという頃合いに、街中から人が減ってしまう。そんなことも言われています。例年であれば、忘年会が続く季節は、飲み屋さんにとって、一年で最高の書き入れ時。ここをどう乗り切るかは、酒を出せない夏を乗り切ってきた酒場の、まさに正念場でしょう。

そこでこのたびは、昭和56年創業の居酒屋「魚貞」をお訪ねし、ご主人の石川宏之さんにお話を伺いました。

京王新線「幡ヶ谷駅」の地下改札を出て、甲州街道の北側で地上へ出ると、店まではもう、1分ほどだ。路地を行くと、喫茶店のその先に、「魚貞」はあります。間口はさして広くないけれど、扉を開けて中へ入ると、奥が深い店なのです。入って左手に座敷、まっすぐ進んだ左手はカウンターで、その向こうには、板さんとご主人の姿がある。カウンターの客が背にしたスペースも小上がりで、店の奥には半個室的なテーブル席。さらに、２階があって、ここは宴会もできる広さだ。

コロナ禍によく聞いたのは、ある程度規模の大きい店のほうが厳しいということ。たとえばひとりで経営している飲み屋さんの場合、行政から支給される協力金で店の家賃もご自身の生活費も賄えてしまうが、大きい店になると、維持費が高いし、従業員もいるから、そうはいかない。だから、でかい店のほうがきついんだ。そういうお話だった。その観点からすると、「魚貞」のような、比較的に大きな酒場は、かなり厳しい状況に置かれたと想像がつく。コロナ禍の最初の頃から、どのように対応してきたのか、率直に聞いてみた。

「最初は戸惑いましたね。補助金は当初は一律8万円で、それで給料を払えたし、うちの場合は、家賃がかからないので助かっていましたが、その金額が後に半分ぐらいに減らされてからは、貯蓄を切り崩して凌いできました。板前さんやホールのバイトさんの給料と、うちの女房と私のと。あと、義母が店の持ち主なので、その給料も払って。まあ、おばあちゃんは身内だから、ちょっと待ってって言えるのはありますけど(笑)。バイトの子たちにも、急に休めって言っても可哀そうだから、最初のうちは半額だけでも払って、その後は1万円とか、お小遣い程度。でも、学生さんで、仕送りもある子だから、なんとか頑張ってくれて、今も、うちに来てくれているんですよ」

石川さんは穏やかな口調で語る。しかし、現実はどんなものだったのだろう。コロ

魚貞

ナ禍が長引く中で、行政からの要請に対応しているのにもかかわらず、協力金が減額されるのです。

「協力金の申請期間の、前年の売上に対して何パーセントというかたちに変わりました。前年の売上が悪い月だったら、今年、申請する協力金も少なくなるんです。最低が4万だったかな。月にして120万とか。うちの忙しい時期の3分の1です」

その間も、行政の要請に従えば、売上は上がらない。

「営業が8時までという時期がありましたね。来てくださる人はいらっしゃるんです。短い時間でも来てくださる。でも、それは、10人に満たない。8時までの営業では、どうしても、そういうことになります。そうなると、仕入れたお魚も無駄が出るから、ランチに回すしかない」

店は、魚料理が中心。毎日、河岸から新鮮な材料を仕入れ、店で仕込みをして提供するスタイルを変えない。できあいの酒肴を出さない。ネタも、いいものを揃える。つまり、朝から晩まで、無駄なく、手を抜かず、仕事をする。そのことをよく知る常連たちに長く愛されてきた。フライものや大型の魚の仕込みなど、朝、店に出てきてからではランチに間に合わないものは、前日までに仕込みを終える。

「以前は、日曜だけ休んでいたんですけど、最近はもう、歳だから、祝日も休んでます」

石川さんは今年（2021年）66歳。日曜のほかに、祝日に休んでも当然と、普通は思う。ただでさえ、奥さんと一緒に若い頃から働きづめだったのだ。でも、もしかしたら、石川さん夫婦は休んで当然とは思ってこなかったのではないか。

先代から引き継いだこの店を支えながら、多くの客を満足させ、家に帰れば4人のお子さんを育て上げた。その年月は、ひとつの家族の歴史だ。休んでいる暇などなかった日々の記憶でしょう。そこでは、休むことの優先順位が、あまり高くなかったかもしれない。

そんな石川さんが休まざるを得なくなった理由。ひとつは、言わずもがなの、コロナ禍である。しかし、実はそれだけでもないのです。

「去年の暮れに心臓の手術をしたんです。ちょうどコロナだから、ゆっくり休めてよかったね、なんて言ってくれる人もいましたけど、こっちは死ぬか生きるか。必死だったんですけどね（笑）。今年の1月半ばあたりから店を営業しようと思っていたんですけど、また緊急事態宣言になって。酒もやめさせられているから、家にいても、することがない。結局、緊急事態宣言の間中、休むことになりました」

そして、この秋。10月1日からは、ランチ営業と夜は時短での営業を開始した。今年は、年初から、満足に商売をした日が1日もない。その分をいくらかでも取り戻すべく営業を再開した矢先のことだった。

「10月25日から営業時間も自由になるということで、その前の土曜日に、豊洲に仕入れに行きました。一軒一軒回って、魚介や野菜などを仕入れてきたんです。そしたら、今度はうちの女房が家の掃除中に肋骨を折っちゃって。魚はブリなどの大型のものや、名物の鯨、それから野菜なども全部キャンセルしたんです。平日はホールのバイトがいないから、女房ひとり。骨折していては、痛くて仕事できませんからね。まあ、運が悪いというか。2週間ちょっとの間、また営業できなくて、11月に入ってからやっと通常営業に戻ったんです。営業再開して思うのは、お客さんの帰りが早いこと。10時ぐらいになると、ほとんど誰もいないですね。なので、11時前には掃除も終わってしまう。それでも、おかげさまで、金曜、土曜あたりは混んで、お断りすることもあるぐらいなんですけど」

一生懸命にインスタを覚えて、若いお客さんと交流しています

昭和56年創業の店は、2021年現在、41年目の歴史を刻む老舗だ。古いお客さんもたくさんいらっしゃる。

「先日は、引っ越されて一年に一度くらいしか来られない方が見えました。お話しされていたのは、病気のことばかりでしたね（笑）。でも、一方では、意外と若い方も

増えています。テレビドラマ『ワカコ酒』の舞台になっていることから、あの番組を観て来てくださっている方が、結構多いです。韓国から留学で来日していた韓国人の学生さんも、ドラマが縁で来てくれるようになったんですが、その子がこの店の近くの会社に就職したからって、先日も、上司や後輩を連れて飲みに来てくれました。最近では、女性ひとりで来て10時くらいまで飲むというような、リアルなワカコちゃんみたいなお客さんもいます」

石川さんは、若いお客さんたちとの連絡手段に、実はSNSを活用しているという。

「一生懸命、インスタを覚えまして（笑）。電話でやりとりしなくても、メッセージ

のやり取りで予約も受けられるとわかりました。便利ですよね（笑）。でも、スマホの使い方はずいぶん覚えたはずですが、バイトの子にメール送ったつもりが、酒屋さんに、給料取りに来てくださいって送っちゃったりね（笑）」

演劇が好きで、時々大阪からやってくる若い女性のグループとの連絡も、スマホで行っているという。コロナ禍にあっても、お店、開いてますかと、連絡が来る。それが嬉しい。若い女性たちにしてみれば、この店が出す、当たり前だけどきちんとおいしい酒肴を楽しみにしているのだろう。石川さんは言います。

「うちは昔からの店だから、そんなに変わったものはつくらないし、つくれない。だけどそういうものを、お客さんは喜ん

でくださるし、満足してくれているようです。だから、私も、変わらずにこのままの感じで、普通のものを普通に出していく。そもそも凝ったものなんてつくれない（笑）。それで、今66歳の私が、あと9年、75歳まで頑張ると、この店もちょうど50年になる。その頃までは、頑張りたい。逆に、その頃が潮時かなとも考えています」

コロナ禍にあって、満足な営業ができない期間に、病を得て、奥様はケガもされて、本当に厳しい時間を過ごしてきた。それでも、石川さんは、今日も河岸で仕入れたおいしいネタで、石川さんいわく、普通の料理を出す。たとえば、マグロ。普通のトロや赤身でなく、こちらだと、ほほ肉、かまとろ、脳天の三点盛りなどが、さらりと出てくる。

鯨にしても、ニタリクジラとイワシクジラの食べ比べができたりする。石川さんが手の空いているときなら、これは、いったいナンですか？　などと質問しながら、飲み、料理を楽しむことができる。煮魚で一杯というような、大人の飲み方も、ここなら覚えられる。そのことを、古いお客さんばかりでなく、女性も含めた若い世代のお客さんたちが、知りはじめている。

普通にうまいものこそ、本当に欲しいもの――。コロナ禍を乗り切る老舗酒場が、それを教えてくれるのです。

◇◇◇◇◇
魚貞
【住所】東京都渋谷区幡ヶ谷2-8-13【電話番号】03-3374-3305
【営業時間】17：00～22：00（L.O.）【定休日】日曜、祝日、不定期で月一回～二回月曜日お休みします。
【アクセス】京王新線「幡ヶ谷駅」より徒歩1分

店頭の黒板に書いたメッセージと伝言ノートのやりとり。お客さんは戻ってくると確信した

婆娑羅

三鷹

コロナの報道を見て、いち早く休業を決断した

２０２１年12月。ＪＲ「三鷹駅」北口にある老舗酒場は、コロナ以前と変わらぬ構えで、客を迎えていました。店の名は「婆娑羅《ばさら》」。１９８２年創業だから、年が明けると２０２２年は、開店40年の記念の年になります。

長く支持され、愛されてきた飲み屋さん。三鷹にこの店ありと多くの人が語ってきた店ですが、コロナ禍に見舞われた2年に限っては、試練の連続だった。特に今年。酒の提供を禁じられた期間は5ヶ月弱に及ぶ。この間、老舗は何を考え、来るべき明日に向けて、どう対応してきたか。いつか必ず来る客との再会の日に向けて、どんなことを積み上げてきたのか。今回は「婆娑羅」のご主人、大澤伸雄さんに、お話を伺います。

「婆娑羅」のマッチ箱の朱色の表面には、婆娑羅という店名と電話番号、裏は白字に炭文字で、箱の左肩に小さく〝モツ焼〟、中央に大きく〝酒〟、右下に〝三鷹駅北口〟と刷ってある。つまり、もつ焼きの店なのです。

しかし、一歩店内に入り、白い漆喰壁に貼ってある定番の品書きを見れば、辛味大根タラ子、だし巻たまご焼、名物どじょう鍋、ネギソバ、五〇年ぬか漬などの文字が飛び込んでくる。

そして、小学校の教室にかかっていそうな丸い壁掛け時計の横の黒板には、こんな文字が見える。皮ハギ肝合え、白子とアンキモの盛、アジなめろう、絶品しめさば、厚岸ホッケ焼、カキふっくら焼、煎りむかご……季節感あり。定番ものあり。酒飲みが欲しいと思うツボを見事に突いてくる。そして、メインのもつ焼きがあるのです。

創業以来一貫してうまい酒と肴を安価で提供してきた大澤さんは、コロナ禍の当初、迅速に対応したといいます。

「最初は対岸の火事だった。それからクルーズ船が来て、そのうちに、テレビでニューヨークの病院で女医さんが泣き叫んでいる映像を見て、休まないとダメだなと思いました」

行動は素早かった。付き合いのある信用金庫へ相談し、緊急融資を申請。当時はまだ、他に申請者が押しかけていなかったから、融資は数日で実行されたという。

「これで一応の防御態勢がとれた。吹けば飛ぶような店は、お金がなくなったら立ち行かない。それに、歳をとっているオレが一番、感染の危険にさらされるからね」

政府が緊急事態宣言を発出する前の2020年4月1日。「婆娑羅」はひと月の予定で休業に入り、その後、状況は変わらず、6月上旬まで、2ヶ月以上にわたって休まざるを得なかった。

「先行きはどうなるか、わからない。それでも、雇用調整助成金や東京都の協力金、家賃への補助も始まりました。そうして経済的なバックボーンができたから、焦らず自分のペースで生き抜けばいいんだと思えた。だから、やれば売上になるけれど、そこから利益を出すのは難しい弁当の販売やテイクアウトには、手を出さなかった」

昨年（2020年）に関して言えば、6月には緊急事態宣言も東京都独自の規制も解除され、その後の感染対策をしながらの営業は、困難な中でも無事に続いていた。そうして、年を越えた今年（2021年）1月。年初から緊急事態宣言が発出され、店はまた、休業に入る。その間も、延期されたオリンピック開催へ向けた流れもあった。その頃、大澤さんは、どんな思いだったのでしょう。

「ちょっと疑心暗鬼になってたよね。だって、政府の流す情報がくるくる変わるから。この調子だと、店はずっと休みかなと、覚悟はしていました」

3月に一度緩和されたものの、4月下旬からの緊急事態宣言中は、酒類の提供自粛が要請された。

「酒を出すな、なんて。とんでもねえことを考えやがるな、官僚はって思って（笑）。自分たちに戦略がないから酒場に八つ当たりしているようにも思えた」

横で聞いていたスタッフの城戸尚子さん（通称ナオちゃん）が、大澤さんがコロナ禍にやっていたことを、教えてくれました。

「大澤さんはコロナ休業の最初の頃から、店の外に黒板を出して、自筆でいろんなこ

とを書いてきたんです。その写真を店のインスタにも上げていたんですけど、今、読み返すと、そのとき、そのときの心をよく表していると思います」

たとえば今年の5月7日付。

〃酒類は禁止〃と言う　そんな生半可な商い勘弁してください。ならば五月末日まで休業といたします。どうかお元気で御無事で、コロナ沈静を願って、再会を　バサラ

「4月、5月は近くに新しく引っ越してくる人も多いので、その人たちがこれを見て、じゃあ、明けたら来てみようって。そういうお客さん、多かったです」とナオちゃん。

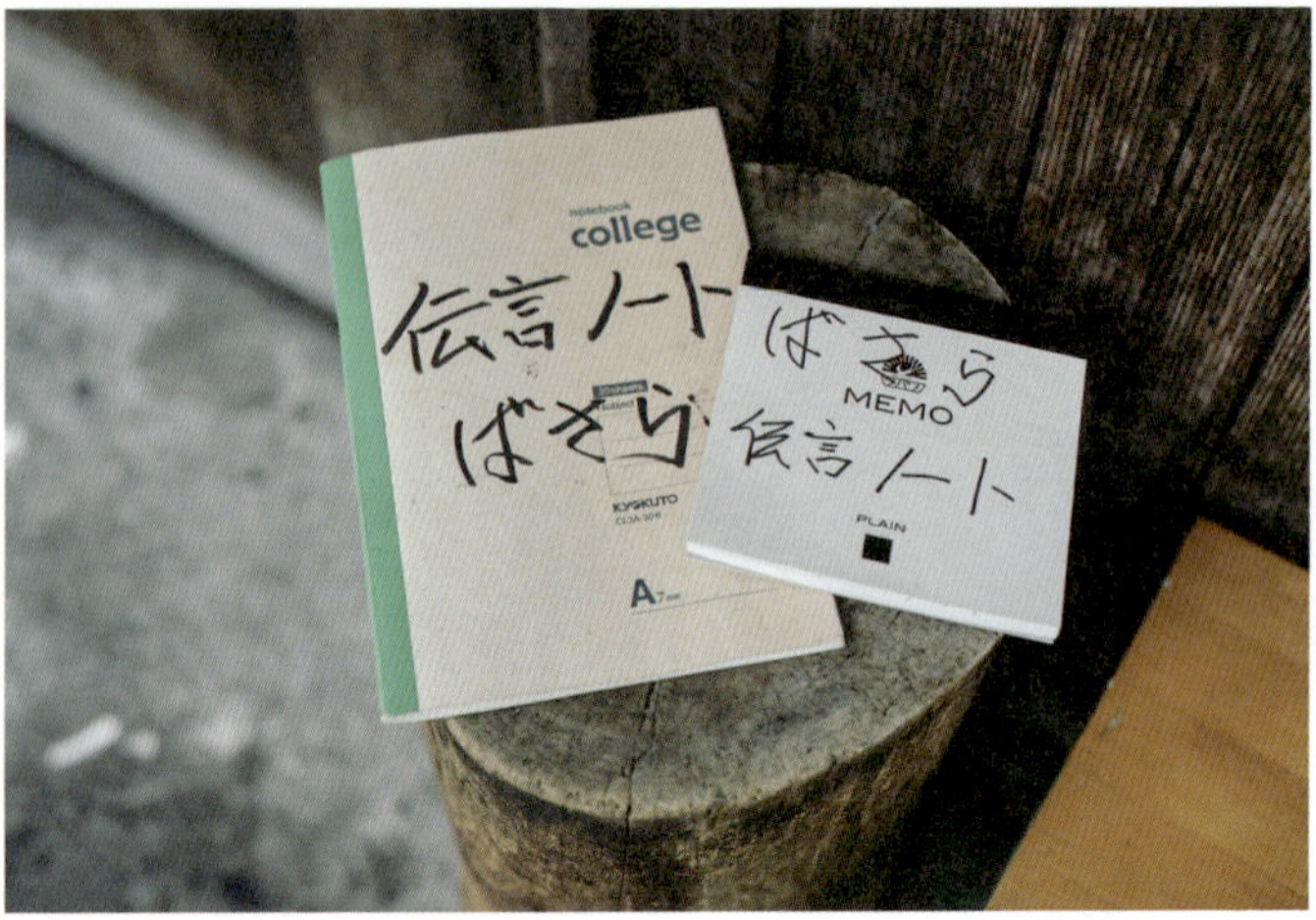

翌週、14日付も引用しましょう。

いまだ衰えないコロナ、むしろ大活躍の様子…。我等まだまだ静かに暮らすばかり　長い休業ですがいつかは終わるコロナの日々、再開がいつになっても体を丈夫に鍛錬して、料理もたくさん修練して万全の心で待っています。　バサラ

まるで語り掛けるような手書きの言葉。それが道行く人の心にとまる。黒板の前にはノートを置いて、好きなことを書いてもらえるようにもしていた。そこには、律儀に丁寧な文字で、お互いに頑張りましょう、店が営業できるようになったら、きっと来ます、そういう意味の言葉が記

してあった。

「黒板にメッセージを書いて、その前に伝言ノートを置いておく。すると、オレのメッセージにみなさんがお答えしてくれるの。本当にアナログなんだけど（笑）。でも、あれを読んでいたから、長く休んでいる間も、店を再開すればお客さんは来ると確信していました。パソコンで打った休業の案内じゃなくて、肉筆だから、足を止めてくれる」

ナオちゃんも、このノートを読んで思うところがあったといいます。

「今まで知らなかったお客さんのお名前を知ったり、こういう字を書く方だったんだとか、いろんな面が見えてきました」

大澤さんのメッセージが道行く人や婆娑羅の常連さんの心を打つのは、それが本心からの嘘偽りのない言葉だから。実際、大澤さんは、メッセージに書いたとおり、身体を鍛えたのです。

「休んでいると、足腰が弱るし、お客さん対応の勘所も鈍る。だから最初の頃は本読んだり、散歩する程度だったけれど、今年はジムで身体を鍛えた。ちゃんとマシンつかって筋トレをする。でも、調子にのってやりすぎると、体中に痛みが走る。これは危ない（笑）」

いつも、店のことを考え、従業員のことを考え、そして何よりお客さんのことを考える。お客さんの一人ひとりに十全に対応するために、今年73歳の大澤さんはジムで身体を鍛えたのだ。

40周年を目前にして、代替わりの準備に入った

そして迎えた10月。無事にお客さんを迎えることができたのです。17日の黒板にはこんなメッセージが書かれていた。

再会できて本当にうれしいです。が、只今席の間かくを開けて営業しております。せっかくの来店なのに！　予約の電話いただければありがたいです

店には新しい発見もあったといいます。

「10月1日の解禁のときは、お客さんがどっと来たら対応できるか不安で、恐かったですよ。ただ、休業明けの新発見だったのは、若いお客さんがすごく多くなったこと。なんだこの現象は？　と思ったくらいですよ。初めての若者が、ひとりふたりで来るんですよ。そして、静かに、いい酒の飲み方をして帰る。全然ふざけた飲み方をしない。きっと、想像力を働かせて、熟慮してから店に入ってきている。これには驚いた。

けれど、そういう若者は、目立たないが昔からいた。そして今も確実にいるんですよね」

　コロナ禍を経て、人は、ただ騒いだり、憂さを晴らしたりするための酒より、本当においしい酒を飲むことを優先するようになっているのかもしれない。気の進まないお付き合いの酒を飲むくらいなら、ひとり、あるいは気の合う人とふたりでゆっくり、うまいつまみでしばし飲みたい。そんな、穏やかな酒だ。

　大澤さんも、こう言う。

「飲み方が変わったのは、いいことだと思う。店のほうも、お客さんをガンガン入れる商売はもう流行らないというか、そうしてはいけないことですよね。酒をこよなく愛する人はやっぱり静かに飲み

ましょうねって、これだけですよ。そういういい飲み屋文化が、また築かれるようになります。まあ、そんな担い手になれればいいかな、この店が」

実は今、「婆娑羅」では代替わりの準備に入っている。長年、大澤さんが立っていたもつ焼きの焼き台には3年ほど前からナオちゃんが立つ。女性の焼き方は珍しい。しかも大澤さんは、山口瞳の名作『居酒屋兆治』（新潮文庫）のモデルになった大将に可愛がられ、もつ焼きの仕込みの手ほどきを受けた人。その目、技、心意気を、ナオちゃんが受け継ぐのです。楽しみです。

「私は、この店がすごく好きです。仕事が終わって、ふらっと立ち寄ったり、久しぶりの人同士がばったりここで再会したり。そんな場所でありたいと思っているんです。大澤さんが積み重ねてきたものを大事にして、でも、どこか、私らしくできるところがあればいいなと思うし。今、それを探している途中でもあります」

ナオちゃんは、仕入れも仕込みも調理ももつの焼き方も、そしてお客さんの対応も、すべて、大澤さんから学んできた。さぞや、大澤イズムが染み込んでいることでしょう。

「ずっと一緒にいるから、どんどん似てきますね。親子みたいに（笑）」

来年は開店40年の記念の年。大きなコの字のカウンターの片隅で、その年月を思いながら、しみじみと飲みたいものです。

◇◇◇◇◇◇◇◇

婆娑羅

【住所】東京都武蔵野市中町1-3-1【電話番号】0422-54-1666

【営業時間】平日17：00〜21：00（L.O.）、土曜16：00〜20：30（L.O.）【定休日】日曜 祝日

【アクセス】JR「三鷹駅」より徒歩3分

世の中にはいろんなバーがあるけれど、大事なのは、〝対人間〟だと思います

カエサリオン

代々木上原

休業期間に、店と自分自身のオーバーホールをした

新型コロナウイルスに翻弄され続けた２０２１年も、もうすぐ終わります。飲食店への営業時間短縮要請が撤廃されて２ヶ月。飲食店、とりわけ酒場では、ようやくひと息ついているところでしょうか。それとも、今こそが正念場と、力を振り絞っているときでしょうか。

酒の提供ができないという、前代未聞の厳しい夏を過ごした酒場にとって、客足が従来レベルに回復するかどうかは、この先の店の存続にかかわる重大事です。過去を振り返っている暇などないというのが現実でしょう。しかし一方では、そんな大事な時期だからこそ、多くの酒場がコロナ禍に講じてきた対応法を共有することにもまた、少なからぬ意味があるのかもしれません。

酒場はコロナ禍に、いかに対応したのか。そこで見たこと、考えたことは何か。そして今、見えている光景はどのようなものか。そんな疑問に対して、年末の繁忙期にもかかわらず快くお話を聞かせてくださったのは、代々木上原のバー「カエサリオン」です。

オーナーバーテンダーの田中利明さんは、２０２０年4月の、最初の緊急事態宣言発出の時期を、こう振り返ります。

カエサリオン

「4月、5月と休みました。その時間を利用して店の壁と床をペンキで塗り直しました。最初は表の壁と倉庫だけと考えていたんですが、せっかくだからと思いましてね。もともと1993年の開業のときも自分で塗ったのですが、新しくペンキを塗っていて、その開業の頃のことを思い出しましたね。床のあちこちに傷があるんですが、これは、あのときについた傷かな、とかね。まあ、酒場ですから、いろんなことがあるんです。バブルの余韻が残っていたし、団塊の世代がまだ40代ですからね。本当にケンカが多かった。胸倉つかんだり、後ろへ回って椅子から引きずりおろしたり。酔っ払って、椅子から落っこちて救急車を呼んだり。そういうことが毎週のようにあった。今は、みなさん、ジェントルマンでね。言い方はナニですけれど、逆にちょっと物足りない（笑）」

田中さんは、コロナ以前から着手していた水道管の交換に続いて、給湯器やトイレのタンク、床なども交換。コロナ禍の休業を利用して店のオーバーホールをした。

「自分自身のオーバーホールもしていました。太陽の光を浴びない生活が長いから、この時期にすすんで日向ぼっこをした。何でもないことなんですが、ちゃんとやってみようと思って。普段は立ちっぱなしの仕事なので三点倒立をしてみたり、普段の動きを逆にしてみるということで、後ろ向きに歩いたり、左手で食事をしてみたり。些細な刺激を日々に取り入れ、その違和感を楽しむ。毎日狭い空間で過ごす私の、飽き

ないための工夫なのかもしれません」

緊急事態宣言明けからは、営業を再開。夏から冬場まで、「客数は若干減ったかな」くらいの感覚だったという。しかし、驚くべき変化も起こっていた。

「若い人、特に初めての方が増えましたね。しかも、バー自体が初めてという人もいるんです。それから、親子でいらっしゃるケースもある。だから、お客さんの平均年齢が一気に下がりました。金曜、土曜などは、20〜30代が中心。我々など50代は、完全にオッサンです。なぜ、こうなったかは、わからない（笑）」

当時を思い返すと、ワクチンの目途はまだ立たず、高齢者や特定の持病のある人が新型コロナウイルスに感染すると重症化の懸念があるとされていた。一方で

「GoToトラベル」を利用することによって人々の移動範囲はひろがり、晩秋から冬に入ると感染者は徐々に増加し、年末年始で、爆発的に増えた。12月には午後10時まで営業できたが、2021年に入り、緊急事態宣言が発出されると、酒場は午後7時に酒の提供停止、8時閉店となった。

「正月明けは時短で営業しました。あのときは6時オープンだったかな。その後、時短営業時のオープン時間は段階を踏んで5時、4時と早めて。自粛要請が明けて、店を再開してからも今は4時オープンで、今後も固定しようと思っています。終わりは、夜11時ラストオーダー、11時半閉店。11時で誰もいらっしゃらなければ、閉めます。最近は、年をとってきたのかな。夜10時を過ぎてくると、だんだん心の火が消えてくる。そろそろ終いでいいかなと（笑）」

田中さんは、いつものことながら、飄々と語る。その語り口もまた、この店に来る楽しみのひとつだと、コロナ禍にあってたいへんだったことさえ楽しく聞かせる話術に触れて、改めて思う。

「今も、朝は6時半には起きていますが、夏の休業中は未明に起きていた。1時とか2時とか。目が覚めちゃうんですよ。毎日店には来ているけれど、やるべきことは早い時間に終わってしまうから、家で酒を飲み始めるのも早いし、夜8時くらいには寝てましたね（笑）。飲んだ量ですか？ 夏はジンを飲んでましたね。3週間で1ケースくらいのペース。すぐなくなるんですよ（笑）」

コロナ禍において、むしろ、この非日常を楽しんだ

金銭面ではどうだったのか。田中さんは、行政からの協力金は、たいへんありがたかったと振り返る。

「もともと、店の経営を筋肉質にしていました。業務用の冷蔵庫を置いてないですし、氷のストッカーは電気を食わない。だから、エアコンをあまり必要としない春と秋は、一般家庭より電気代はかかりません。それから、ここで働いていた最後の人が恵比寿で独立した9年前からは、わたし一人でやっています。だから人件費はかからないし、ここは古い店ですから、現在の相場からしたら、家賃もかなり安いと思います。適当にやっているように見えて、細かいところは堅いというか」

心の中に不安はなかったのでしょうか。田中さんはしばらく考えてから、こう言いました。

「いつまで続くのだろうとは思いましたよ。でも、当初から、半年、1年では終わらないとも思っていた。まあ、とにかく初めてのことですから、むしろ、この非日常を楽しんだと言えるかもしれない。これほど連続で休むことも初めてだし、短時間の営

業にしても、自らそんなことするわけがない。ただね、ごくたまに、資生堂パーラーに勤めていた時代に上田和男さんの下で一緒に働いたサンルーカル・バーの新橋（清さん）、ル・ザンクの樋口（保彦さん）、ロンケーナの中村（一徳さん）、オスカーの長友（修一さん）という仲間たちと電話で話しました。彼らの声が聞けたのは、やはり、支えになりましたね」

田中さんの言う、サンルーカル・バーの新橋さんには、第2回でお話を伺い、新橋さんの口からも、先行きが不透明なときに電話で話し、情報を交換できたことは励みになった旨、発言がありました。若い頃にともに修業を積んだ仲間は、困ったときに気軽に何でも話せる。お互いが、経験を積んで、頼れる存在になって

カエサリオン

いる。そういうことを再認識したということかもしれません。田中さんはもうひとつ、コロナで休んだ間の、よかったことを話してくれました。

「長年、迷惑かけている家族です。私が家に帰る頃には寝ているし、朝は起こすなと言ってきたから、なかなか一緒に食事することもなかった。それが今回、私が家にいるから、いろいろ話をする時間がとれた。家内もそうですけど、息子たちとも話ができて、それはとても良かった。息子たちと喋ってみて、疎外感はなかったですね。意外によく話を聞いてくれた」

田中さんは、店に来る若い人と会話するように、息子さんたちとも話をしたという。

「最近の若いお客さんは、会社の中での人間関係という意味で、誰とでも距離がありすぎるように見えます。たとえばこの店に初めて来た若い人に聞くと、先輩や上司に、一度行ってみろよと言われたから来ました、というような人がいる。これは若者に責任はない。その先輩や上司が、まずは若い奴を連れて来いよと、私は思います（笑）。でもそういう現実ならば、若い人たちは、バーみたいな寄り道をする場所、いわゆる遊び場を、先輩や上司から教わっていないわけです。実際、若い人が、カウンターの中の私たちに、そういうアニキ的なものを求めている。職場でこんなことを言われたけれど、どう考えたらいいのだろうか、とか。酒の話をしているうちに、いつのまにか、そういう話になっていたりするんです」

かつて、酔ってはケンカをしたり粗相をしたりする先輩たちの相手をしてきた田中さん。創業年の１９９３年にはまだ28歳だった。そして今、56歳になった田中さんが、20代、30代にとっての先輩、上司、アニキとしてカウンターの中に立っている。もとよりカクテルの技は名人級。お客さんとの接し方や話術にも定評があるベテランが、これまであまり知ることのなかった若い世代に戸惑いながら、ダジャレも下ネタも知らない彼らに興味を持って、話を聞いてあげているのです。

「男女間の話はあまり、出ないですね。何事も失敗したくないと思っているのか。男女間ではどちらかが土足で踏み込むようなことがあってもおかしくないのに、彼らの話を聞いていると、男女とも遠慮しあっているようなのです。男の場合は特に、リスクを回避するためなのか、先回りばかりしているように見えますね。私が言いたいのは、リスクなんかないんだということ。もっといったら、大事にしたいお前自身なんか、いないんだ、自我滅却だということですよ（笑）」

田中さんは、急激に増えた若いお客さんに対して、楽しく飲んで、洒落のきいた会話もできる大人になってほしいと思っている。腹を割って自分の言葉で語れる人になってほしいと思っているようです。

「まだお客さんが戻っていない店もあります。酒飲みはシビアですからね。30年も賃金が上がっていない日本の状況下で、しかもコロナがあったのだから、行く場所の選別も厳しくなりますよ。実際に新規開店の祝いに行ってきたよという話題をあまり聞きません。みなさん、いろいろ見て歩かなくなっているんです。世の中には、いろんなバーがあります。しかし、珍しいものや新しいものは一過性のもの。大事なのは、〝対人間〟だと思います。それはつまり、酒場のおもしろさというか」

酒場のおもしろさ。それも、店ごとに異なるおもしろさにこそ、客がつく。2023年に開業30年を迎えるカエサリオンには、コロナ禍を経た今、そのおもしろさを嗅ぎつけた若い世代が集まり始めている。

カエサリオン

【住所】東京都渋谷区上原1-33-16【電話番号】03-3485-2907
【営業時間】16:00～23:00（L.O.）【定休日】日曜
【アクセス】小田急線・東京メトロ「代々木上原駅」より徒歩1分

田
共 JA 撰

この店はなくしちゃいけない。こんなことで負けてはいられない

秋田屋

浜松町

秋田屋

街が普通に戻らないと、人も戻ってこない

２０２１年は酒場にとって、受難の１年でした。酒の提供自粛を要請された期間は４ヶ月半を超え、その他の期間は大幅な営業時間の短縮が要請された。酒類提供解禁に加え、時短要請も解除されたのは２０２１年10月25日のこと。そのときにはもう、秋も深まっていたのです。

かつて経験したことのない１年を過ごし、酒場は今、難しい局面に立たされている。新たな変異株の蔓延が懸念される中、客足は以前のようには戻っていない。ようやく小康を得たものの、世の中全体から見たときに非常事態はまだ続いている。そんな現実に直面している酒場が、２年弱のコロナ禍を経て何を経験したのか。営業再開から２ヶ月が経過した今、どんなことを考え、先行きをどのように見据えているのか。今回は、昭和４年創業の「秋田屋」さんをお訪ねし、三代目の金沢義久さんにお話を伺いました。

２０２１年12月16日午後３時半。開店と同時に、表に並んでいたお客さんが店内に入ってきました。その少し前まで店内の一角で金沢さんからお話を伺っていた取材チームは、その日の最初のお客さんたちを迎える形になりました。次々に客は来る。みるみるうちに、席が埋まり始め、２階にも上がっていく。この光景をただ眺めただけ

なら、昔ながらの秋田屋の開店風景だよねと納得するところですが、2020年4月の、最初の緊急事態宣言発出の際には、こうではなかったのです。金沢さんが振り返ります。

「街中に人がいなくなりましたね。時間短縮で営業することはできましたが、人がいないのではやっても無駄だと思い、休業にしました。それから手造りでパーテーションを作り、煮込みの通信販売を思いついて、真空パック機をレンタルして試作品を作りました。ところが、煮込みは汁ものなので真空にするのが難しい。でも、いったん煮込みを冷凍してから真空パックにすれば通信販売できることがわかりました。

こうして商品そのものはできたのですが、今度は売り方がわからない。ホームページを立ち上げたのはいいのですが、検索してもらうにはどうしたらいいのか。そこで考えたのが裏メニューです。5月に街の人の流れも少しだけ戻ってきたので時短で営業を再開し、店内に、ホームページのアドレスとQRコードを掲示して、ここを見てくれた方だけ注文できますよ、という感じで、定期的に出すようにしました」

秋田屋があるのは浜松町。東京モノレールの始発駅で、向かう先は羽田空港である。出張や観光の行き帰りの途中、秋田屋で一杯やってから羽田に向かったり、旅先から帰ってきたその足で秋田屋へ寄ったり、多くの旅人に愛されてきた。それゆえに、秋田屋を知る人は、東京近郊だけでなく、全国に広がっている。

「うちの味を知ってくれているお客さんが、通販で買えるとわかって、全国から注文がくるといいなと思いました」

その思いは届き、現在では各地からの注文も入り、この年末の注文も増えているという。

街から人が消えたそのとき、もうひとつ金沢さんが急いだことがあった。

「うちでは14人が働いています。営業ができないと、人件費がたいへんなことになります。だからまず、国金（現在の日本政策金融公庫）さんに、とりあえず借りられるだけ借りようと思いました。行政からの協力金や雇用調整助成金もあって、結果的にはひとりも辞めることなく、やってこられましたが、当初はやはり資金が必要でした。助成金にしても申請してから支払われるまでには2ヶ月くらいかかりましたから、その分の体力がないと続きません。金策も、結構たいへんでしたよ」

金沢さんの口調はとても穏やかだが、すべてが初めての体験だ。実際のところ、昭和4年創業の老舗にとっても、コロナ禍でのかじ取りは困難を極めたと想像がつきます。

「店をなんとか開けてみると、それなりにはお客様に来ていただけた。最低ラインの人数くらい。当然売上は足りないので、その分を埋めるために、煮込みの味付けを少しだけ変えてご飯にのせた煮込み丼を、昼だけ、テイクアウトで出しました」

高清水
秋田屋
秋田屋
もつやき
KIRIN

秋田屋の開店は以前から午後3時半だが、時短要請のため閉店時刻が早まっていた。それを補うために昼のテイクアウトに踏み切ったのだ。それでも、街全体に、以前ほどの人の流れは戻らない。客も何割かは少ない。

「しかし、こればかりは、しょうがない」

金沢さんはそう割り切った。逆に切らさないようにしたのは、気持ち。

「街が普通に戻らないと、人も戻ってこないだろう。そういう考え方でいくしかない」

そんな秋田屋に降りかかったのが、2021年4月からの新たな要請だ。コロナ禍に入って1年、なんとかやりくりをしてきたのに、今度は酒の提供自粛要請が発令された。

「お酒を売っちゃいけないというのは、営業しちゃいかん、ということ。お酒あってのつまみですからね。これはもう死刑宣告みたいな感じでした。それでも何かしなくてはと思い、もつ焼きと煮込みのテイクアウトと通信販売をしました。従業員には3人くらいずつ順番で出てきてもらって、これだけは続けてきたんですね」

この地道な仕事を、周囲の人たちが見ていたのです。

「日ごろ、うちの店には入りづらいと思っていたご近所の主婦が、テイクアウトできることを知って買いに来てくれた。もちろん常連のお客さんにも来ていただけましたし、がんばってくださいね、続けてくださいねと、声をかけてもらうこともありました」

事実、取材当日も、ベビーカーを押した若い女性が、テイクアウトを買いにやってきていた。店の周辺はオフィスビルが多いが、JRの線路を越えるとタワーマンションがあり、学校もある。この街に住む人々にとって、秋田屋のテイクアウトは、新たな食の楽しみになったのかもしれない。少なくとも、客層という点では広がったことは間違いない。

やっと仕事ができる、身体を動かせる。それが一番嬉しかった

現在の店は1、2階合わせて54席。混みあうときの賑やかさと、もつ焼きの香りは、浜松町の名物だ。戦前に麻布十番の近くで店を始めたのが秋田出身の先々代で、この店の創業者だ。金沢さんのお祖父さんにあたる。戦後は新橋で短期間店をやり、その後、浜松町に来た。今年59歳になる金沢さんは、前回の東京オリンピックの直前に生まれ、子供時代は東京タワーが庭のようなものだったという。

「祖父は秋田の横手の出身で、『高清水』が好きで、東京で売りたいというところから店を始めたそうです」

夕刻、浜松町駅から大門へ向けて歩いてくると、「高清水 秋田屋」の袖看板の右奥に、

赤く美しい東京タワーが見える。秋田屋は、東京タワーと同様に、浜松町のランドマークなのだ。酒を出せない長い夏を過ごしながら、金沢さんは、この一時が辛抱なんだと考え、従業員にも声をかけたという。

「今はちょっと我慢だよね。みんなでなんとか乗り切ろうよ」

そんな金沢さんの胸には、老舗の三代目としての、強い思いがあった。

「この店はなくしちゃいけない。こんなことで負けてはいられないという気持ちでした」

昭和6年生まれの先代は子供時代とはいえ戦争を知っている。良い時も悪い時も、知っている。そんな先代は、金沢さんに、こう言い聞かせてきたという。

「とにかく真面目な商売をしなさいと教えられました。真面目にやっていれば、なんとかなる。自分の目が届く範囲で、真面目に商売をしなさいと」

その教えを胸に、辛抱の夏が過ぎ、秋になった。いよいよ10月１日。緊急事態宣言が解除された。

「やっと仕事ができる。身体を動かせるというのが、やっぱり一番嬉しかったですね。それまでテイクアウトを販売しているだけでしたからね。お客さんと話しながら商売できるのは、やっぱり全然違います。お客さんと言葉のやり取りをしているのが面白いし、楽しい。やっと、それをできるんだと思いました。お客さんも、ああ、開けてくれたんだねって喜んでくれて、店がとても華やいだ感じでした。ずっと来てくれていたお客さんがまた戻ってきてくれたのが、なにより嬉しかったです」

取材に伺った２０２１年12月中旬現在、お客さんの入りは従来の７～８割まで回復しているということです。コロナ禍を経験した今、思うのはどのようなことでしょう。

「来てくれたお客さんがおいしいって言ってくれれば、我々、それが一番嬉しい。うちの場合、これからも味を変えないのがいいかなって思っています。もつ焼き、煮込み、たたき（肉団子）、氷頭なます、お新香、くさや、それから季節のものなど、いろいろですが、どれも味を変えない。たとえば、煮込みが、相変わらずうまいよって言っていただけること。それでいいんだろうなって、思っています」

秋田屋の創業は西暦では1929年。店の歴史は2022年で、丸93年になる。あと7年で1世紀だ。そんな店の灯りが、今日も浜松町の通りを照らしているのです。変わらぬ光景があり、変わらぬ味がある。それが、我等酒好きを日々吸い寄せる。こんな酒場を守りたいという切実な思いは、店ばかりでなく、客のものでもあるようです。

◇◇◇◇◇◇◇◇◇
秋田屋
【住所】東京都港区浜松町2-1-2　【電話番号】03-3432-0020
【営業時間】15：30〜21：00（L.O.）土曜〜20：00（L.O.）【定休日】日曜　祝日　第3土曜日
【アクセス】JR・東京モノレール「浜松町駅」より徒歩2分、都営地下鉄「大門駅」より徒歩1分

第2部

コロナ禍は3年におよび

——2023年秋——

緊急事態宣言の解除後も続いたコロナの猛威

雑誌『dancyu』のウェブ版で『「酒を出せない酒場たち」～いつかまた、あの店で呑もう～』を連載したのは、2021年の夏の終わりから年の瀬までの約4ヶ月間のことでした。お訪ねしたのは21軒。居酒屋、割烹、ドイツ料理店、もつ焼き店、おでん屋さん、バーなど、営業形態はさまざまですが、いずれもお酒を出す飲食店でした。

これらの店が、酒を出せないという異常事態の真っただ中でどんなことを考えていたのか。私はできるだけストレートに取材をし、みなさんの口からこぼれ出た本心を語る言葉を報告しました。

あれから2年が経った2023年9月。私は、コロナ禍を懸命に生き抜こうとしていた酒場がその後どうなったのかを、もっと深く知りたいと思うようになりました。というのも、2021年の取材以降、コロナ禍は過ぎ去ったかというと、そうではなかったからです。

思い返すと、新型コロナウイルスは次々に変異し、新しい株に生まれ変わることによって、脅威となり続けました。その期間は、2020年の春に新型コロナウイルスの存在が広く認知されてから、２０２３年5月、新型コロナウイルス感染症が感染症法の5類に分類されるまで、実に3年に及びました。

この間、何が起きていたのか。それをもう一度整理してみましょう。

最初の緊急事態が宣言されたのは２０２０年4月。街から人の姿が激減し、夜の繁華街は廃墟のように静まり返っていました。緊急事態宣言は5月下旬にいったん解除されましたが、7月に感染が再び拡大し、8月にはカラオケ店と飲食店に営業時間短縮要請が出されました（要請の内容は後述分も含めて東京都で実施されたもの）。この夏に開催予定だった東京オリンピックは延期されたものの、東京では感染者が増加しているのに全国では観光業支援のＧｏＴｏトラベルが、10月になると飲食店を支援するＧｏＴｏイートも始まるなど、行政も、感染抑制と経済活動の維持の両方を行うという困難なかじ取りを余儀なくされました。

しかし、新型コロナウイルスは猛威を振るい続け、２０２１年1月、政府は2回目の緊急事態を宣言しました。東京ではこの措置が3月21日まで続き、酒類の提供は11時～19時（東京都による新型コロナ認証店の場合）に制限されました。

しかし、飲食店の災難はこれからがむしろ本番で、4月1日から21日までの約3週間のリバウンド防止期間では、酒類の提供が20時までとされました。この措置は緊急事態宣言解除後の感染者のリバウンドを防ぐことが目的だったが、その期待もむなしく、4月25日には3回目の緊急事態宣言に突入（6月20日まで継続）、飲食店は酒類の提供停止を求められたのです。

こうした営業時間短縮や酒類提供停止などの要請に応じることで、飲食店には行政から協力金が支給されました。ちなみに、3回目の緊急事態期間の協力金は、売上と規模によって1日4万円〜20万円が店舗ごとに支払われています。飲食店はこのお金と雇用調整助成金、実質無利子・無担保の「ゼロゼロ融資」など、各種の公的な支援施策を利用しながら、度重なる営業制限を耐え忍んできたのです。

前回の取材を開始した2021年8月を今改めて振り返ると、3回目の緊急事態宣言が解除された6月21日から7月11日はまん延防止等重点措置期間で、要請内容は、5時から20時までの営業と、11時から19時までの酒類提供でした。しかし、それでは感染拡大が止まらず、7月12日から、ついに4回目の緊急事態宣言となり、飲食店はこの後9月30日まで酒類提供停止を要請されました。

酒場が、酒の提供を事実上禁じられたのです。その間、東京オリンピックは無観客で開催され、一方で、医療機関では病床ひっ迫のために新型コロナ患者の受け入れが進まず、入院治療を受けられないまま患者が亡くなるケースが報道されました。21軒の酒場に、今どうしていますかとお話を伺いに出向いたのが、この時期。そのときの店の人たちの思い、将来への不安などをまとめたのが本書の第1部です。

緊急事態宣言解除でコロナ禍は終わったのか

最後の緊急事態宣言が解除されたのは２０２１年９月30日。その後24日間は酒類提供の時間制限は残りましたが、25日以降は解禁され、営業時間への制約もなくなりました。

やっと、営業ができる。酒場で働く人たちは、そう思ったことでしょう。

２０２１年は、１月の緊急事態宣言以後、酒類提供を19時までか20時までとした期間に加え、酒類提供禁止期間はなんと４ヶ月半に及び、１月８日から10月24日までの間で、なんの要請もなかった日は、わずか13日しかなかったのです。

秋から年末は飲食、とくに酒を提供する業態にとっては書き入れ時。酒場が、コロナで失った時間を取り戻すべく懸命に営業したのは言うまでもありません。

しかし、コロナ禍はまだ終わらなかった。12月にはオミクロン株という変異株の流行が報道され、感染者数がふたたび急増。年を越して２０２２年に入ると、いよいよ猛威をふるう。東京都は１月21日から３月25日まで、まん延防止等重点措置を実施することにしました。

この年の5月8日までの国内の1日あたりの新規感染者数の推移（NHK発表）を見ると、1月から一気に増えて2月に入る頃には1日10万人もの感染者が連日出ていました。前年の夏、入院もできずに亡くなる人が出てしまったときより、遥かに多い。3月までの、いわゆる「まん防」の期間、酒場は酒の提供を20時までにするよう要請されました。

いったい、いつまでこんな状態が続くのか。酒好き、酒場好きの私は、この頃は途方に暮れていました。

飲みに行っても20時以降は飲めない。店を出ると、在宅勤務が多くなったせいか、街は人通りも少なく、コロナ前の賑わいには、まったくもどっていなかった。空いている電車の窓から外を眺めながら、マスクの中でため息をつきました。

さらに東京都は、この「まん防」を解除した3月以降も、大勢で飲むことの自粛を求め、帰省するときにさえ細心の感染対策を講じるよう、都民に求めました。これは、全国各地で起きていたことですが、この後の行政は、飲食店への営業時間短縮要請や酒類提供の制限などのお願いをしなくなります。日常の経済活動に制限をかけながら補助金を出すにも、限度はあるのでしょう。

幸いなことに、新規感染者は増えていても重症患者は減っているから、十分な感染対策を講じた上で可能な限り経済活動を復旧しましょう……。そういう論理だったと、私は記憶しています。

実際、集計を見れば、重症患者数のピークは前年夏のそれより1日あたり500人前後は少ない。しかし、1日あたりの感染者数は急増し、1日ごとの死者数も200人を超える日が続くなど、予断を許さないのも事実。それでも2022年3月以降は、経済の復旧が優先されました。

これ以上コロナ感染症の前で萎縮していては経済が成り立たない。2021年からは待望のワクチン接種も普及し、医療現場も経験を積んでいる。新型コロナはある程度、コントロールできる。そういう状態になっていたのかもしれません。

経済を優先して、酒場は復活できたのか

ところが、2022年の夏は、もっとひどいことになりました。

8月、感染者は1日20万人を、死者数も1日300人を超えました。重症化する割合は減っていたが、感染者が激増したため、死者数が増えたのです。WHOの調査によると、8月15日から21日までの1週間の日本国内の新規感染者数は147万6374人で世界全体の新規感染者数の4分の1を占め、世界最多でした。同じ期間の日本の死者数は1624人。これは、アメリカに次いで世界で2番目に多かったのです。

また、7、8月の2ヶ月間に自宅で死亡したコロナ感染者数が全国で776人に及び、死者を年代別に見ると、70代以上が約8割を占めることを、厚生労働省が公表しています。

この中には、救急搬送需要のひっ迫によって入院したくてもできないまま命を落とした方たちもいます。事態は、たいへん深刻なものでした。

しかし、行政も、企業も、コロナ禍で失われたものを取り戻すべく、経済の復旧に注力しました。

感染者数と死者数が急増する一方、重症化する人は減っている。高齢者の感染対策を徹底した上で、経済を動かせばいいという方針です。しかし、この年の12月から翌2023年1月にかけては、さらに死者数が増えました。12月から1月初旬までの1ヶ月だけでも1万人もの死者を数えました。

5月8日。新型コロナウイルス感染症は感染症法上の、5類に分類されます。結核、新型インフルエンザやSARSなどの2類から、季節性インフルエンザと同じ5類に移行されたのです。

行政による制限はもとより行動の規範についての要望もなくなりました。すべて個々人の考え方によって、行動してもらってかまわない。マスクを外してもらってかまわない。5類移行は、そういうことを意味していました。

コロナ禍は終わった。もう大丈夫だ。みんな元の暮らしに戻ろう。そういう機運が生まれ、実際にコロナ禍で低迷した業績の急回復を遂げた企業も次々に現れました。でも、本当にこれで大丈夫なのだろうか……。私には疑念がありました。２０２２年３月に最後のまん延防止等重点措置が解除されてから後の酒場に、私は異変を感じていたからです。

感染対策を十分に行うことを条件に、コロナ禍以前の日常を取り戻そう。その方向で世の中は再開したように見えました。けれど実際には、酒場にはなかなか客が戻らなかった。以前から営業時間帯の早かった店には大きな影響はないように見えましたが、夜９時あたりから客が増え始め、最終電車の時刻ぎりぎりまで賑わったような店では、明らかに来店客が減少していました。コロナ禍以前まで連日のように飲み歩いていた私の目には、その寂しさが異様な光景として映ったのかもしれません。

コロナはもう怖くない。たとえ感染したとしても老齢期に入る前の持病のない世代にとっては以前のように心配しなくていい。これは、風邪みたいなものだ……。頭の中ではそういう理屈が組み立てられているのに、人々は酒場の前で立ちすくんでいるように見えた。原因としては、コロナ禍の間に家飲みが習慣化したことや、高齢の親御さんとの生活上の接点がある人にとってコロナは今なお「罹っても大丈夫」な「風邪のような」疾病ではなかったことも考えられるでしょう。

一方で、コロナ禍を生き抜いてきた酒場の経営についての心配もありました。「じロゼロ融資」の返済が2023年7月から本格的に始まるからです。コロナ禍の最中にも惜しい店の閉店に直面してきました。今後、コロナ禍で借り入れた資金の元金返済が始まると、客足が戻らない現状で、酒場の経営は成り立つのだろうか。

コロナ禍はまだ、全然終わっていない。むしろこれからが正念場という酒場もあるだろう。みなさん、どうしているのか。大丈夫なんだろうか。商売にはまるで縁のない門外漢の私が、そんな思いに駆られたのが、2023年の夏だったのです。

そこで、以前訪ねたお店の中からタイプの異なる4軒を選んで再訪し、さらには、2021年時点では取材をしなかったチェーン店にも足を運んで、改めてお話を伺ってみることにしました。その報告が、本書の第2部です。前置きが長くなりましたが、この後は、お訪ねした各店の生の声をできるだけ忠実に、お届けいたします。

祐天寺の名店はコロナを乗り切れたのか

協力金で急場をしのぎ、耐え忍んだ2年半

新型コロナウイルス感染症が、感染症法上の5類へ移行してから4ヶ月あまりが経った9月20日、私は、祐天寺の「もつやきばん」を訪ねました。

開店時刻の午後3時を20分ほど過ぎたところでしたが、4割がた席は埋まっています。

相変わらずの繁盛店だ――。そう思いながら店内に入っていく私を、店主の小杉潔さん（取材当時80歳）がにこやかに迎えてくれました。

ほぼ2年前にお話を聞いたときは、オリンピックは開催するが酒場が酒を出すことはまかりならぬ、というお達しが出ていた頃で店はお休みだった。そのとき、こんな非常事態はいつまで続くのだろうという私の問いに、本書の第1部でも触れましたが、小杉さんは即座にこう答えられました。

「今年はまあ、仕方がない。そして来年から、徐々にもとへ戻っていくでしょうね。

以前と同じになるのは、再来年かな」

2022年から回復基調になって、2023年にはもとに戻っているかな？　というのが小杉さんの読みだった。では、2023年の9月になった現在、店の景気はどうなのでしょうか。単刀直入に質問すると、小杉さんは迷うことなくすぱっと答えた。

「もとの通りにはなっていません。1割から1割5分減っている。コロナの時期に午後3時開店にしたけれど、夜のお客さんが少ないです」

その原因は多様化だと言う。

「生活習慣が多様化して、夜、外で酒を飲む人口が減っているように思います。それと並行して家飲みが増えている。今は、酒もおつまみも何でもスーパーで売っている。コロナの時期に家で飲むことが習慣化した人も多いのでしょう。思い返すと、コロナになる1年くらい前からちょっと景気が悪いなとは感じていました。そこにコロナが追い打ちをかけた」

やはり、簡単にはもとに戻らないのか。そういう思いを胸に改めて見回すと、賑わっているように見えた店内が別の様相を帯びてくるようです。

「協力金には助けられましたよ。前年と比較して売上が減少した分の40％が協力金の額になったのですが、休業期間の場合、売上は100％減少しているわけだから、協力金は前年売上の40％ということになりますね。私たちの商売で、売上の4割もの利益は、そもそも出ません。だから売上の4割が現金でもらえるのは、実はすごいことだったのです」

小杉さんは、この協力金でひと息つけたと回顧します。

「従業員にはちゃんと給料を払った。コロナ禍への対応に協力してくれているから、ボーナスみたいにして、出した。休んでいるアルバイトにも払った。それが当然です。コロナ禍が終わった後、商売をしなくちゃいけないから、そうしたのです」

協力金は、売上規模が小さな店にも、一時期、1日あたり最低4万円が支払われた。仮に30日間営業を停止した場合、協力金は120万円になる。この120万円は、売上から、仕入れ原価、人件費、家賃、水道光熱費、その他諸経費など差し引いてなお残ったお金、つまり営業利益ということになる。実際には、休業中でも家賃や人件費は発生するから、120万円がまるまる利益になるわけではない。しかし、小規模の個人経営の酒場を想定すると、休業中の仕入れ原価はゼロだし、水道光熱費も大幅に減る。家賃を払って残ったお金を仮に100万円として、ここから経営者個人の人件費を差し引くと、残ったお金が利益となる。

ここに、通常営業をするより行政の要請に応じて休んだほうが利益が増すという、珍妙な事態が発生した。

しかし、「ばん」の場合は、事情が異なった。良いものを仕入れ安く提供することをモットーとするから、そもそも営業利益率は高くない。加えて、休業や時短要請に対する協力金や雇用調整助成金なども、社員やアルバイトへの給与とコロナ対策のボーナスとして、可能な限り支払ってきたのです。

「協力金があって、なんとかなったんですよ。それが事実です。最初の緊急事態宣言に入った直後は、万が一に備えてお金も借りました。でも、それには手をつけずに、なんとか回してくることができました。ただ、その頃から、私自身の取り分はほとんどゼロ。まあ、私の場合はもう年だし、家族もないし、食べられるだけでいいんです。そして現在は、少しずつ良くなっています。毎日毎日、目には見えないけど、少しずつ良くなっている。だから、もう協力金はなくても、なんとか回していくことができる。でも、まだ儲かるまでには回復していない。飲食店は昔のように儲かる商売ではなくなった。あくまで私の考えですがね」

ゼロゼロ融資の返済開始による影響は？

ちょうどこの頃、2020年に始まった政府主導のゼロゼロ融資の返済が、2023年7月から本格化していました。

無利子無担保の資金繰り支援策は、営業時間短縮や休業要請に対応した中小飲食店の倒産防止の役には立ったが、2023年になっても客足は本格的に戻ってきているわけではなかった。しかしながら、借金である以上、返さなくてはならない。

「年末にかけて、やめるところは多いでしょうね。やめてもいい店は、やめられる。どうしようもなくて、やめる店もあるでしょう。今の時代、一軒がやめたら、すぐに居抜きで別の店が入りますけど、やってみないとわからないとはいえ、まあ、難しいでしょうね。今、うちだけではなく飲食店が困っているのは円安です。仕入れ原価が高くなってしまう。人件費まで高くなる。外国の人は、円が安ければカナダとかオーストラリアとか、他所へ行っちゃう。日本に来なくなってしまう。だからといって、みんなが値上げをするからうちもなんて、商売はそんな甘いものじゃない。値上げをすれば、お客さんは安いところへ流れるだけです。だから、徐々に良くなっているとはいっても、儲かるまでにはいかない。これからも、儲かるという話は難しいな。みんな食べていければいいという、そんなところでしょう」

小杉さんの読みは的中しました。2024年1月に公表された帝国データバンクの調査によると、2023年の飲食店の倒産は前年の7割増。業態別で最も多いのは「居酒屋」で、その件数は最初の緊急事態宣言が発出された2020年を上回って年間最多となりました。客足がコロナ前に戻らないのに協力金などの公的支援などが打ち切られたことで資金繰りが行き詰まるケースや、これを機に店を畳もうという自主廃業などのケースもあったということです。

　コロナ禍以前は、開店から1時間もすると満席で、その後、2回転、日によって3回転するような超のつく繁盛店であった「ばん」でさえ、売上は回復しきっていなかった。

　私たちのテーブルに、もつ焼きの皿を運んでくれた店長の平野正さんにも、私は声をかけてみました。彼とは、「ばん」主催の麻雀旅行にも一緒に行ったことがあり、気楽に話しかけられるのです。

「最近、どうですか」

「え？　体重っすか」

　彼はいい体格の持ち主です。

「100キロくらいか」

「95っすね、ははは」

「体重じゃないよ。お店の景気はどうですかと訊いているんです」

「ああ、平日は、まだまだ厳しいですね」

　顔では笑いながら、宵の口に降りそうなゲリラ豪雨を心配して、スマホの気象情報をチェックする正さんでした。

コロナ禍で深まった店と常連の関係

隣接する新店の店長、方艶さん（愛称エンちゃん）も来てくれました。

「隣は学生さんが多い店だけど、今は少し減っている。だから、雰囲気は上品。コロナの前よりレベル高いね（笑）」

以前とまったく同じレベルまで回復してはいないが、店にお客さんが戻って、それがなにより嬉しいと顔に書いてあります。エンちゃんが教えてくれたところでは、「ばん」には、従業員と常連さんが連れ立って沖釣りに興じる釣りクラブができたそうです。クラブはコロナ禍に始まり、現在では週末に活動をしているそうですが、最初、素人ばかりで始めたのに、わずか1年でめきめき上達し、現在では、キハダマグロやキンメダイなど、大物を狙いに行くという。

「昨日は真ダイと、東京湾の大アジの刺身。週末に釣ってきたのを捌いて店で出しました。うちはマグロだってキンメだってひと皿380円。スーパーより安いから、お客さん喜びますよ」

小杉さんはそう言って笑い、横で聞いていたエンちゃんが小杉さんの真意を説明してくれます。

「うちの社長は儲けようなんて思ってない。人が集まれば満足。いつも、もっと儲けようって私は言うし、社長も話はちゃんと聞いてくれるけど、本当に、人が集まればそれでいいと思っている。前にも言ったけど、それが店の方針だから、東京にはたくさん店があるのに、電車やバスに乗って、うちまで来てくれる。だから私も精一杯頑張りたい。うちの常連さんたち、偉い人、お金持ち、大学の先生とか、いろんな人がいらっしゃる。みんな、いい人。日本人、すごいと思うよ。だから私は日本が好き。19年、日本にいるよ。ばんがあるから日本にいる。ずっとそう思っているよ」

そこまでひと息に喋ってから、エンちゃんは予約のお客さんが来るからと新店へ戻りました。その帰り際、こう付け加えました。

「常連さんにとって、ここはホームだよ。だから私は常連さんを、お帰りって迎える。名前を呼んでもらったら気分も落ち着くでしょ。ストレスだらけの今の時代だから、居心地のいい、帰ってきたくなる店にしたい。それは自分のためでもあるよ。同じ働くなら、そのほうが私も楽しいから」

小杉さんもエンちゃんも、お客さんを思う気持ちがとても深く、温かい。だから、100％コロナ禍以前に戻っていなくても、その表情は穏やかで余裕があるようにさえ見える。

それがまた、客を安心させるのでしょう。

親友でもあった常連をコロナ禍に失う

早い時間に「ばん」に行くと、常連さんの顔を必ず見ることができる。私も、何人かを存じ上げている。そのうちのひとりに、小杉さんが先生と呼ぶ人がいます。

「高校、大学の後輩で、中学校の先生をしていた人です。毎日、うちに来ていた。恵比寿から歩いてやってきて、開店の10分前くらいから外で待ってる。ひとりでいることが好きな人でね。箱根で開催していた麻雀旅行にも参加する。でも先生は麻雀をしないから、みんなが麻雀をしている間、ひとりで山を歩いたりしている。そうして、夕食のときに麻雀組と合流して酒を飲むんです。自分のことは喋らない。自慢話などまったくしない。私は先生とよく旅をしてきたんです」

中国に2度、台湾にも2度、タイやカンボジアにも、ふたりで旅をしたといいます。

「私が誘うんです。新聞に、敦煌5泊6日11万円というような広告が出るでしょう。それを見つけた私が、先生を誘うんです。先生も私も独り者で、思いついたときに旅に出られるくらいのお金はあった。互いに全然気を遣わない。海外へ行ったら免税店でウイスキーを買って、ホテルの部屋でふたりで飲んだ。自分のことなど語らない。先生は、世の中のことを話した。あるとき、冗談でお金がないので貸してくれますかと訊いたら、１００万円くらいならいいですよと。借りないけどね。そんなふうに、なんともおっとりしていて、その分、冗談が通じないところのある先生でね」

　コロナ禍の「ばん」の開店は午後3時。先生は連日、2時50分に来て開店を待った。その先生が2日続けて店に来なかったのは、2022年の6月下旬のことでした。

　先生の住所を知っている小杉さんが様子を見に行ったところ、先生はご自宅で意識不明の状態だった。救急隊は熱中症だと言ったが、搬送された病院で各種の検査をすると、末期のがんであることが判明した。小杉さんは先生の自宅の住所録を見て先生の弟さんに連絡をつけたが、先生は意識もはっきりとは戻らないまま亡くなられた。

「私もいろいろとやってきて、兄の商売を引き継ぐ形で61歳のときにこの店を始めました。食べていければそれだけでいいと思ってきた。欲はない。80歳になった今も、欲しいものはあまりない。ただ、一緒に旅をして歩いた先生が亡くなったのが、いちばん辛い。私にとって、とても有意義な人だった。亡くなってはじめて、ありがたさがわかります」

　先生は、常連であり、親友だった。小杉さんにとって、常連客はみな、かけがえのない友人なのかもしれません。だからこそ、一人一人をよく観察し、親身になって話を聞き、頼まれごとはできるかぎり引き受ける。小杉さんに、なぜそこまで尽くすことができるのか。その理由を訊くと、たったひと言だけ返ってきました。

「人が来るほど、幸せになれるからです」

バーが忘れられる危機をどう乗り越えたのか

マスクを外して感じた数々の違和感とは

2021年8月に訪れたとき、神楽坂の「サンルーカル・バー」は、行政の要請に応じて休業中でした。しかし、オーナーバーテンダーの新橋清さんは、いつもの営業中と変わらぬ服装で私を迎え入れてくれました。聞けば、毎日、いつもと同じ時間に起床し、同じ時間に家を出て、店に来るのも営業中とまったく同じだというのです。理由は、そうすることによって、気持ちを維持できると考えたから――。

最初の緊急事態宣言から1年4ヶ月が経過しても、これからどうなるか、まだまだ不安だった時期のこと。新橋さんは、店を開けられなくても毎日同じように出勤し続けていました。このとき新橋さんは、時折り冗談を混ぜながら、平素と変わらぬ柔和な口調で話をしてくれました。その中で、一度だけ、語気を強め、次のように語りました。

「先輩方が誇りをもってやってきたからこそ、今がある。だけど、そこにコロナという全然種類の違う力が働いた。そのことで業界自体が衰退してしまってはいけないと思うんです。だから僕らの世代が、何がなんでも生き残る」

このとき新橋さんは51歳。バーテンダーの道に進んで31年が経っていた。名店で修業を重ね、カクテルコンペでは世界一にも輝いた経歴の持ち主が、「生き残る」という言葉を用いたことに、私は少なからず衝撃を受けていました。飲食の世界は、お客さんが来るのを待つ仕事。ひとたびお客さんが来れば、最高のもてなしを提供して満足してもらってはじめて、次の機会にも使ってもらえる。その繰り返しが、この仕事を支えている。しかし、客がこなければ店はどうなるのか。たとえ国の要請とはいえ、店を閉じてしまえば、そこで客との縁が切れ、それきりになるのではないか……。客を待つ側の心情を思えば、この不安感は並大抵のものではなかったと推察されます。だからこそ新橋さんは、「生き残る」という強い言葉を使った。私はこのときのことを原稿にまとめたとき、初めてここに思いが至りました。気の向いたときに気の向いた店に飲みに行くばかりの私などには想像もつかない苦境があり、酒場の人たちは今、それを乗り越えようともがいているのだと、痛感したのです。

あれから2年。新橋さんの胸に今あるのは、どんな思いなのでしょう。5月8日に新型コロナウイルス感染症が感染症法の5類に分類されてからの4ヶ月を、新橋さんはいつものように、静かに丁寧に振り返ってくれました。

「うちのカウンターはもともと7席ですが、コロナを境に5席にしていました。それを7席に戻してみたのですが、窮屈そうに見えるんですね。内側に立っている私たちがそう感じるのであればお客様も同じでしょうから、席を6席にし、荷物をかけるフックも6つにしました。席を減らすことで経営の効率がどうなるかということは、あまり考えませんでしたね。ただ、席をひとつ減らすことで、以前よりさらに、お入りいただけないケースが増えることが気になりました。それでも、6席に落ち着いた今は、お客様も7席よりは気が楽なのだろうと考えています」

ほかにも、ちょっとした違和感のようなものは、あちらこちらに残ったようです。

「カウンターを6席にしたことで、私がお酒をつくる場所の正面にひとりのお客様が座る形になりました。私が仕事をしているとき、その目の前でお客様がお話ししている。それがとても気になり、周りのお客様も同じだろうと思って、私の前にだけアクリル板を置くことにしました。こうすれば飛沫を防げるということもありますが、むしろ視覚的に安心できるのではないかと考えたのです。また、これも気分的なことですが、5月8日からマスクを外しましたが、最初はすごく違和感がありました。身体のバランスが悪いとさえ感じた。シェークしていても、洗い物をしているときも、バランスが悪い。そう感じました」

昼も夜も、人と会うときは常にマスクを着けていた期間は、2023年の5月時点で実に3年に及ぶ。声高に会話をすることはもとより、食べ物や飲み物をシェアすることさえ憚られるような距離感を、人は知らず知らずのうちに当たり前の感覚として取り入れてきた。新橋さんがマスク1枚を外したことで酒をつくる所作のバランスが崩れると感じたのは、人と人との距離感が大きく変わったことを象徴的に表しているかもしれない。

忘れるどころか、大事にしてくれる人が

けれど、さまざまな制約がなくなることで、嬉しい発見もあったという。

「コロナの間、忘れられることがいちばんの不安でした。レストランやバーへ行かなくても家で食べたり飲んだりすればいいと思う人が増えるのではないか。その結果、街から、お酒を飲みに行く楽しみやおいしいものを食べに行く喜びがなくなってしまうのではないか。そんなことを考えたりしていました。けれど、実際には、私たちのこと、この店のことを気にかけてくださる方が思いのほか多くいらっしゃった。特に5月8日以降にそれを感じます。札幌や福岡から3、4年ぶりにお見えになった方もいらっしゃるし、シンガポール駐在でコロナの間は帰国できなかった方も来てくださった。それは本当に嬉しいことです。レストランやバーに行かなくてもいいのではな

くて、むしろその逆で、みなさんがこうした店を欲し、もっと丁寧に付き合っていこうと思ってくださった。コロナの間に、飲んで弾けるだけがお酒の楽しみ方ではないと感じた人も多かったのでしょう。飲めない時期があったからこそ、お酒に対して丁寧に付き合おうとか、そのための時間や仲間との時間を楽しもうと思う方が、多くなったのだろうと思います。人と人の付き合いは、むしろいい方向に向かっていると思います」

コロナ禍を挟んで、明らかに変わったことのひとつに、客層の変化があるらしい。大きく変わったのは年代だ。

「コロナの最中から、若いお客様が増えましたね。酒場にはあまり慣れていないように見えるのですが、みなさんきちんとしていて礼儀正しく、お酒に対してもリスペクトがある。そんな30代と、女性のお客様が増えました」

コロナを挟んで、酒場には若い人が来るようになったという話は、私も、いくつもの酒場で聞いたことです。リモートワークが増えたことと、グループで飲酒することを会社が禁じたことで、ひとりの客が増えたのではないか。ある酒場の主はそう解説してくれました。たしかに、会社で上司や先輩、同僚たちから誘われて飲む機会が減れば、ひとり、あるいはふたりなど、ごく少人数で飲みに行ってみるかと考える人が増えて不思議ではない。行くなら、これまでのような店ではなく、本格的なバーへ行ってみようか。そう考える若い世代がいて、なんら不思議ではない。新橋さんも、こう言います。

「コロナ禍を経て、以前より飲食店を大事に思ったり、せっかく行くのなら、飲んだことのないような酒を楽しんでみようと考えたりする人が出てきたのだと思います。うちのようなバーには不慣れでも、今はインターネット上にさまざまな情報があり、事前に店のことを知ることができますから、行きたい店を探すのは難しくない。難しいことがあるとすれば店で何を注文するかという点ですが、昨今来られる若いお客様は、バーには慣れていないことをちゃんと伝えてくれる。そうして、何回か来ていただくうちにコミュニケーションも十分に取れるようになって、次に飲むカクテルやウイスキーの相談ができるようになる。こんなふうに、お客様が求めてくださることと、我々がするべきことが嚙み合っているような感じがしています。それともうひとつ、動こうと思ったときに動いておかないと、会いたい人にいつまでも会えなくなったりする。そんな思いを多くのお客様が持たれている。会いたい人には今、会っておこうという思いです。お酒もそうなのかもしれません。飲んでみたいなと思ったら、できるだけ積極的に出かけてみようと、コロナを経て多くのお客様が思っているのではないでしょうか」

言葉は通じなくても歓迎の気持ちを伝える

1日に2組は来るという、外国人ツーリストも、最近は様変わりをしているといいます。

「日本に何度か来ている方などは、銀座も新宿も渋谷も知っていて、今回は神楽坂と代々木上原を訪ねると言うんです。うちと、代々木上原のカエサリオンというバーの名前をスマホのメモ欄に控えているんですね。以前は、スタンプラリーのように店から店を回ってきてカクテルの写真を撮ったらすぐに出ていってしまうようなツーリストも多かったのですが、今は違います。先日いらしたアメリカ人のご夫妻は、うちで飲んだ後は山梨の御坂峠から富士山を見て、その後は瀬戸内の島巡りをすると、そんなお話も聞かせてくれました。よく調べ上げて、うちにもピンポイントで来た方でしたので、店をとても丁寧に使ってくれましたね」

外国人の中には、店を出るとき、「私の名前は＊＊です。とてもおいしかったです」と翻訳機を使って挨拶する人もいるという。新橋さんには、そんな外国人ツーリストたちを迎えるとき、心掛けていることがあるそうです。

「うちの竹内（バーテンダーの竹内洋行さん）とも話していることですが、俺たちは相手が喋っている言葉はわからなくても、歓迎していることだけは伝えようと。旅先で素っ気なくされるのは嫌だと思うんですよ。だから、言葉も何もできないけれど、歓迎の雰囲気だけは伝えたいと話し合っているんです」

これはサービスというより、人間同士の思いやりというものでしょう。それがあるから、コロナ禍を挟んで3年ぶり、4年ぶりで、新橋さんの顔を見たい、「サンルーカル・バー」で飲みたいと思う客が何人も店を訪ねて来る。新橋、竹内両名の、明るく、率直で、相手の身になって考える姿勢こそ、コロナ禍を乗り越えるための原動力だったのでしょう。

「コロナは絶対に明けると思っていました。そしてお客様と再会したときに、それまで決して遊んでいたのではないと報告したかった。だから無駄に過ごさないぞと思って生活していました」

この道10年になる竹内さんの言葉です。

彼は、コロナ禍の間にウイスキー文化研究所認定のウイスキーレクチャラーの資格を取得し、さらには、PBO（プロフェッショナルバーテンダーズ機構）主催の「全国バーテンダーズ・コンペティション」で、最高栄誉のMVBカップを受賞しています。休業要請を受けて店が休みの日にも出勤して学び、練習した成果を見事に示しました。

新橋さんは、かつてのインタビュー時に、未来の担い手のためにも僕らが踏ん張らなければいけないと語りました。その気持ちは、今も変わらないのでしょうか。

「コロナだけでなく、何かの危機に見舞われたときに、バーのような業態は脆弱だと思う若い人や親御さんもいらっしゃるでしょう。でも、この業界にはもっと夢があります。この仕事には人生をかける張り合いがあります。そういうことが伝わるように、今後も頑張れたらいいなと思っています」

コロナ禍を経て店と客とのつながりがより強くなる。そんな一面を、「サンルーカル・バー」は体現しています。営業制限という危機の中で考えた、本当にいい酒場とは何かという問いの、ひとつの答えがここにあります。

焼きとんチェーンはコロナとどう付き合ったか

最初の3ヶ月でキャッシュが枯渇、危機を感じた

2021年秋の取材時、私が話を聞いたのは、個人経営の店ばかりでした。多店舗を展開する会社の代表に話を聞きに行くことは、当時、考えなかった。その理由ははっきりと記憶していません。しかし、2年後の2023年になって思ったのは、多店舗を展開している店の経営もまた、個人店とは別の意味で、困難を極めたのではないか、ということだった。そこで、興味を持ったのが、「やきとん ひなた」を展開する、ひなたグループだった。

以前、別企画で、「やきとん ひなた」上板橋店を取材したとき、当時の店長から、ひなたの社長である辻英充氏が、もつ焼きの名店と言われる野方の「秋元屋」で修業した人物であると聞いた。「秋元屋」は私も好きな店で、社長のお人柄にも魅了されている店なので、あそこで修業した辻氏に、ぜひ会ってみたいと思った。

ひなたグループは2017年の取材時ですでに9店舗を展開する成長著しい企業だ。

大資本のチェーン店ではないごく小さなもつ焼き屋が、なぜ短期間に急成長できたのか。そこに関心があった。

しかし、その後もあちこちの酒場をうろつく間に時間が過ぎ、気がつけばコロナ禍に入って身動きが取れなくなった。そうして迎えた2023年、コロナが感染症法の5類に分類され、飲食店へのさまざまな制約が解かれてから4ヶ月ほど経ったとき、「ひなた」はコロナ禍を乗り切ったのかが、ふと気になった。一度気になりだすと、知りたい欲求ばかりが高まっていき、とうとう取材依頼をしたのが、9月のことだった。

辻社長にお会いできたのは10月17日、「やきとん ひなた池袋西口店」に足を運んだ。

グループではこのとき、やきとん10店舗、海鮮居酒屋1店舗、和食店1店舗、とんかつ店2店舗と、14店舗を展開していた。すべての店を、板橋区、豊島区、練馬区等に集中させるドミナント経営で、人材の配置や物資の輸送を効率化し、同時に限られたエリアで知名度を上げるドミナント戦略で、成功していたのだ。

初めてお会いする辻氏は気さくなお人柄で、コロナ禍の経営についてもざっくばらんな話を、笑顔を交えながら聞かせてくれた。

「2020年の4月20日くらいから売上がまったく立たなくなって、この分だと、3

ヶ月でキャッシュが底をつくとわかった。そのときは、経理の担当者と、これはやばいねと話をしましたね。大急ぎで銀行に融資の申請をし、従業員に給料を払うために雇用調整助成金の手続きも行い、あとは、行政から、営業時間短縮や休業要請の協力金をもらえるように申請し、キャッシュが足りなくなる最悪の事態は避けることができました。あの、最初の3ヶ月間のインパクトは強かったですね」

新たな食い扶持を求めて、弁当、立ち飲みなどを試す

キャッシュが枯渇するという最大のピンチを回避した後も、コロナ禍は尾を引いた。その期間、ひなたグループはどんなことをして、苦境を凌いできたのか。

「休業や営業時間短縮の協力金が入ってくるようになったので、ちゃんと社員に給料も払えたし、あまり、恐がらずに経営できましたね。コロナではいろんな業種の人たちがたいへんだったと思いますが、飲食は割と恵まれていたと感じています。それでも、店を開けられないわけだから、いろいろと試しました。とにかく次の食い扶持を見つけなければいけなかったからです。やきとんの業態ではコロナ禍に入るとすぐ、やきとん弁当をつくって販売しました。1日20万円、月にして600万円くらい売れたけれど、あまり儲けが出ない。やはりお酒が出ないと収益性は高くないんです。こ

も、何もしないよりはいいから、やった。立ち飲みもやってみました。昼間はテイクアウトで、夜は立ち飲み。社員からのアイデアで始めたのですが、スタートした時点で店へ行ってみると、ああ、これは雰囲気が違うんじゃないか、失敗したなと、すぐに思ったんです。それで、2週間か3週間でさっさと閉めました。それからさらに業態変更してコロッケを売ってみたりしたのですが、作り置きした揚げ物って、あまりおいしくない。どうしようかと話しているとき、副社長が、とんかつ屋はどうかって。あ、やきとんも豚だし、シナジー効果があるだろうって、すぐにとんかつ業態に挑戦したんです。え？　軽いっすか？　はははは」

軽いのだ。実に軽い。新たな食い扶持を探す焦りも悲壮感もない。あっけらかんとして、すばやく決断する。驚くべきは、その行動力だ。もとより、とんかつのノウハウは持ち合わせていない。そこで、ある知り合いに、目白にある洋食の老舗「旬香亭」を紹介してもらった。

「とんかつの作り方を、教えてもらうためです。ちゃんとコンサル料を支払って教えてもらいました。作り方のビデオがあって、それを見て学ぶんです。今、とんかつ店はグループの中で2店舗やっています。ただ、とんかつで儲けるのは、やはり、なかなか難しい。とんかつの業態ではお酒が出ませんからね」

こうした新たな事業アプローチのほとんどは、社員が発案したものだという。それには、ちょっとおもしろい背景があるようだ。

「以前は僕の発案したことをやったんです。でも、新業態ですからうまくいかないことも当然あります。ホルモン屋を始めたときは、ああ、これはダメだと3ヶ月で速攻やめた。イタリアンは最初お客さんも入って調子が良かったのですが、イタリアンを出したせいで、社員にボーナスを出せなかったことがあるんです。社員は、社長が勝手にやってボーナスが出ないとはどういうことかと、厳しいわけですよ。だから今は、社員から上がってきたアイデアを彼等にやってもらっているんです。好きにやってもらう。それなら失敗してやめるにしても、僕の責任にならないじゃないですか」

と言って、また笑うのである。

一度、事業を潰した経験が、タフな経営を支えている

やれることは試してみて、ダメならすぐに引き上げる。そういうフットワークの良さは、辻社長の類まれな経験から生まれたものかもしれない。ふぐ料理のチェーン店で調理場と店長を経験した辻氏は、同社のフランチャイズ店を経営したのち、完全独立を果たし、自らのふぐ料理店を開店した。

「しかし、この店を潰してしまいました。自己破産もしたし、あの頃は、心が塞いで

いました。病んでいたといってもいい。でも、やはり自分は飲食しかできないとも思っていて、少しの間働いていたもつ鍋屋で豚の解体をしているのを見て、豚に興味を持ちました。その後、野方の秋元屋へ初めて行って、そのうまさと、客をもてなす元気な接客に衝撃を受け、社長に直談判してアルバイトに入ったんです。住まいは東中野のシェアハウス。3畳ひと間の部屋に住んで、1日500円で暮らしました。その代わり、秋元屋の賄いで出してもらえる煮込みは、めっちゃ喰いましたね。そうやって1年で200万円貯めて、ふぐ料理店の同僚だった仲間も100万円貯めて、ふたり合わせて300万円を元手に店を出した。それが、やきとん ひなた上板橋店です。開業資金に250万円かかり、残ったのは50万円だけでした。そこで創業資金の融資を仲間が金融機関に申し込みました。僕は自己破産しているから申請できないのです。そうしたら、なんと融資の審査に落ちてしまった。50万円しか残らないんじゃ、翌月の家賃も払えないし仕入れもできない。このときは、ヒリヒリしましたよ。2回目の経営破綻かって。でも、アルバイトをした秋元屋さんのお客さんが野方から上板橋までわざわざ来てくれたりして、日銭が稼げた。そのわずかなお金で店を回して、開業時のピンチを乗り切りました」

やきとん ひなた開業から2年後には2号店をオープン。辻氏は順調に、着実に店の数を増やしていく。海鮮居酒屋、和食店、イタリアンという新業態も進出。202

0年のコロナ禍に入る前までに、やきとん ひなたは8店舗を展開するまでになった。2019年5月から2020年4月までの決算では、売上高は8億2200万円を計上した。手元資金がわずかに50万円だった創業時から9年と5ヶ月。ひなたグループは成長を続けていた。

そして2020年。コロナ禍に見舞われ、2021年4月期こそ8億円台を維持した売上高も、翌2022年4月期に6億円を切り、さらに翌年の2023年4月期では5億円を切った。しかし、決算は赤字にならなかったという。

「うちは、ローカルな場所にある店がほとんどで、賃料も安いことから、赤字にならなかった。赤字になるかならないか、ぎりぎりのところで頑張っていたイタリアンは店じまいしましたが、会社全体は黒字でした。そのためコロナ融資で借りたお金にも手を付けずにやってくることができました。もちろん、社員に辞めてもらうようなことはしませんでした」

どのような環境にあっても、採算を重視し、きちんと経営することを、辻氏は大事にしてきた。だからこそ、新規事業へのトライを繰り返しながら、採算のとれない事業からはいち早く撤退を決めてきたのだ。

一方で世の中全体を見渡すと、コロナ禍を引き金に、リモートワークや在宅勤務が広く行われるようになったことが、郊外型の飲食店にとって不幸中の幸いだった。会社へ出ず、自宅で仕事をし、終業後に近所の店で食事をしたり、お酒を飲んだりする。そういう飲食のスタイルはコロナ禍の社会の要請だった。もちろん、グループとしてのたゆまぬ努力があってこその事業継続であることは言うまでもないが、コロナ禍を経験してなお、経営の屋台骨を支えていたのが、板橋区、豊島区、練馬区等に出店を集中させるドミナント戦略だったことも興味深い。

また、同社では、コロナ禍にあって、セントラルキッチンを開設した。目的のひとつは、串打ちなどの、店舗スタッフの作業負担を軽減することだ。さらに、より良いものを提供するためにはアウトソーシングせず自社内で生産することが必要だと考えたからだ。

「セントラルキッチンを開設した3つめの理由は、従業員が歳をとっても働くことのできる場所を作りたいと考えたからです。将来的には、生産から加工、流通まで一貫して手掛けたいと思っています」

コロナ禍に始めたやきとん弁当は現在、やきとん ひなた各店舗でのテイクアウトのほか、UberEatsによる配達もできる。コロナ禍に、店で酒を飲めない常連たちのために作った弁当は、たとえば主婦層など、日ごろ飲み屋で酒を飲まない客層にも広まった。

埼玉県の蕨駅東口にあるもつ焼き「㐂よし」でも、コロナ禍に、持ち帰りの串焼きを店頭で販売開始しただけでなく、店頭においた冷凍の自動販売機で、串物や煮込みなども購入できるようにして、好評であるという。これもまた、コロナ禍にあって考案された新しい酒場のあり方と言えるだろう。

しかし、もっとも業績を向上させるのは、「やきとん ひなた」に飲みに来る客数の回復だ。2023年10月時点で、辻氏はどんな手ごたえを感じているのか。

「コロナ感染症が5類に移行した後、5月、6月、7月と、お客さんは戻ってきましたね。とても勢いがあります。売上高も、2019年の同時期とほぼ同じくらいに回復しています」

コロナ禍を過ごした酒場の店主は口をそろえて、コロナ後に客が戻ってくるかどうかが心配だと不安を訴えた。辻氏は、どうだったのだろう。

「不安というのは、あまりなかったですね。けっこう、僕は、楽観的です。お客さんは必ず帰ってくると、まあ、信じていました（笑）」

これからやるべきことについても、答えは明確だった。

「コロナ禍によって、社内のコミュニケーションも不足しました。だから、しばらくできなかった研修を、またしっかりやろうと思っています。店として大事にしているのは、やきとんの焼きのクオリティと、お客さんを元気づける明るい接客です。接客はアルバイトの人たちが行うことが多いですから、接客するときの心構えとか、トークの仕方など、研修で身につけてほしいですね。先般は、140人の社員集会をやって、みんなを表彰して、酒を飲みました。こういうことをやると、みんな喜ぶし、やる気が出ます。こうして従業員と触れ合うことも大事にしていくつもりです」

コロナ禍の酒場は、たった1店舗を守り切るのも容易ではない。その中にあって、次々にアイデアを出し、試行錯誤しながら事業の新しい芽を育ててきたひなたグループが今後どんな新しい顔を見せてくれるか。注目して見守りたいところである。

120席の本格派ドイツ・レストランの生き残り策とは

規模の大きいビア・レストランのコロナ後が気になって

前章では、焼きとんやトンカツ、和食店などを展開する「ひなたグループ」が、コロナ禍をいかに生き抜いてきたかについてまとめました。

同グループでは、新商品の開発や新業態へのチャレンジなど、やれることにはすぐに着手し、早期に結果を見極めることの繰り返しの中で、活路を見出してきた。赤字を出さずに耐えて来られた背景には、展開する店舗の多くがローカルな住宅地に近く、都心部の酒場に比べて家賃が安く、集客のダメージも少なかったという事情があった。在宅勤務やリモートワークが推奨された時期、新宿、渋谷、池袋など都心の大繁華街から人の姿が激減する一方で、都心から少し離れたエリアでは、自宅飲みの延長線上で地元飲みをする人が増えていたのです。新型コロナウイルスの蔓延という誰もが経験したことのない一種の災害がもたらす影響も、店の立地ひとつによって異なることを、私はこの取材で初めて知りました。

そして、2023年のこのとき、私の頭に浮かんだのは、2年前の秋に初めて訪れた、「バーデン バーデン」という店だった。

本場ドイツのビールと料理を出すビア・レストランで、席数は120席。厨房とホールを合わせて従業員は20人以上という、個人営業の飲み屋さんと比較すると、大きな店だ。場所は都心の有楽町。家賃、人件費、原材料費など、あらゆる面で小規模な酒場とは条件が異なり、多店舗展開ではないから損益を平準化することもできない。2021年秋の取材時には、コロナ禍へ入ってすぐ、可能な限りの融資を受けたと聞いていた。いわゆるゼロゼロ融資だが、その返済もすでに始まっているはずだった。あれからレストランの経営はどうなったのだろうか。

50歳を過ぎて英語の勉強に精を出す。目指すは英検2級

お訪ねしたのは11月初旬。社長の曽根崎武吉さんは、2021年の取材時にも勝るとも劣らない快活な笑顔で迎えてくれました。

10月にはドイツのビールの祭典・オクトーバーフェストに出向き、その後、アマチュアボクシングの審判員としてカザフスタン共和国に滞在した後、取材前日に帰国したばかりだった。

「ドイツのオクトーバーフェストには、うちが輸入しているホフブロイというビール会社の招待で出かけました。コロナの間は行けませんでしたから久しぶりでしたが、オクトーバーフェストに行くのはこれで5回目です。ホフブロイは世界にビジネスを展開しているので、世界各国から取引先の社長がドイツに来るんですね。みなさんとの会話は英語です。中国人の社長など英語がとてもうまい。それに引き換え、僕のけ、なんちゃって英語だから、ときどき相手が何を言っているのか、わからない。また、仕事とは別に、僕はボクシングの国際審判員もしているのですが、ここでも、各国から集まる審判員との会話は英語なんです。ゆっくり話してくれと頼めばそうしてくれますが、やはり、自分でも英語がもっとうまければと思います。だから今、英語へのモチベーションが高まっているところなんですよ」

曽根崎さんが1980年創業のこの店の経営を引き継いだのは2016年。本場ドイツの文化とホフブロイのビジネスをよく知るためにも、英語の上達は当時からの課題だった。しかし英語の大切さを痛感したのは、コロナ禍に入った後のことだったという。

「ホフブロイというミュンヘンのビールは、現在の正規代理店が取り扱いを始める以前から、うちが輸入をしていました。でも以前は、ホフブロイとうちとの間に1社、仲介する会社が入っていたんです。それが、コロナ禍に入って営業時間が制限されるようになったとき負担になりました。ビールには賞味期限があり、古くなったものをお出しするわけにはいきません。売りさばけない量を輸入してロスを出すのは避けたいし、かといって欲しいときに注文をしてもドイツからの輸入だと船便で1ヶ月以上もかかります。そこに仲介業者が入ると、注文や送金に時間はかかるし、当然のことながら少なからぬ手数料も発生します。調べてみると、弊社で輸入して、他へ販売せずにうちの店だけでお出しする分には輸入免許が必要ないことがわかりました。そこで輸入業務もすべて自社でやることにしたのですが、当然ながら、契約も注文も各種の連絡も、すべて英語です。しかし、やるしかない。勉強して克服するしかない。ドイツで世界各国から来るホフブロイの取扱業者たちと話をするためにも、もっと英語がうまくならないといけない。コロナの頃に、直で輸入するために本当に必要になった英語。それを52歳になった今も、コツコツ学んでいます。次は英検2級の試験を受ける予定です」

1億円を超える融資には手を付けずに店を回してきた

コロナ禍を生き延びた時期の詳細について、前回の取材時には踏み込めなかった話も伺うことができた。

「2020年の4月に緊急事態宣言が出た後すぐに、休業や営業時間短縮要請への協力金、持続化給付金、雇用調整助成金などの制度を活用し、加えてコロナ融資も申請しました。金額は、政策金融公庫と千代田区のセーフティーネットの合計で1億1000万円です。当時のうちの状態は、営業をまったくしなくても、毎月1000万円ほどのお金が必要でした。つまり、この融資額は、ほぼ1年分の資金ですね。こうして、ひとまずキャッシュの手当ができた後は、試行錯誤の連続でした。行政からの要請も、当初は営業時間の制限がなかったので、家内と二人で朝5時まで営業しました。夜の営業時間を8時や9時までに制限されたときにはランチもやった。それと、ドイツ惣菜の通信販売なども手掛けてみたこともありますよ」

この通販事業は通常時の売上の1％にもならなかった。それでも試行錯誤を繰り返すしか、方法はなかった。

しかしながら、曽根崎さんは、2021年秋の時点で、店の経営について、少しの赤字を出す程度のダメージはあるものの、コロナ融資には手を付けずに店を回すことができていると話していた。

あれから2年。経営はどうなったのだろうか。

「社員には給料が8割になるのを我慢してもらいましたが、雇用調整助成金によって雇用を守ることができました。売上のほうは、2021年の秋の営業再開時から徐々に回復し始め、２０２２年には、コロナ前のように、お客さんも戻ってきてくださいました。そのため、コロナ融資には手を付けないままで、なんとか回すことができました。今は、当初の予定通り、手を付けなかった融資の返済を開始しています」

行政からの協力金と雇用調整助成金は確かに大きな助けにはなるが、「バーデンバーデン」のような比較的大きな店が融資に手を付けずに店を回せたのは、果たして公的な支援だけが理由なのだろうか。曽根崎さんの話を聞いていて、私は少し疑問に思った。

しかし、話を聞くうちに、その答えは、コロナ以前にあることに、気づかされた。

父が残した店を守りたい一念で努力したコロナ以前

曽根崎さんは２０１５年までは習志野市立習志野高校の教員で、ボクシング部の顧問をしていたのだが、話はそれよりさらに5年前に遡る。

「経営者だった父が２０１０年に亡くなり、その後は母が引き継いだのですが、その頃から業績が傾き始めました。父が経営していた時代には2億円だった年商が、1年ごとに１０００万円ずつ減り、２０１５年には1億５０００万になりました。これはまずいと、勤務先には２０１５年度をもって辞職することを伝えた上で、時間の空いているときには家業の手伝いをするようになったんですね。店へ出てみると、お客さんはたくさん来ていて満席なのに、スタッフがレジの横で煙草を吸っていたりする。古株のアルバイトも社員も無責任でやる気に欠けていました。僕は、父が残してくれた店をなんとか残したいと真剣に思っていたから、僕が店の経営をするようになったら、僕のやり方でやりますよと彼らに伝えておいたのですが、実際に教員を辞めて店へ行くようになるまでには、不満のある社員は店を辞めていきました」

そのときから、曽根崎さんによる新体制での営業が始まった。曽根崎さんより先に入社して仕事を覚えてくれたのは習志野高校の後輩で、現在は店長を務めるこの店のナンバー2だ。その後2016年に曽根崎さんが正式に「バーデン バーデン」の経営者となり、アルバイトには、曽根崎さんが教職を去る年の春に高校を卒業し、東京の大学に上がることが決まっていた教え子たちに入ってもらった。

「ボクシング部の選手、マネージャー、それからうちの高校は吹奏楽も強かったのですが、そこのエース2人も、入りました。うちの仕事はけっこう厳しいけど、みんなよくついてきてくれましたね。大学1年生でアルバイトに入って、4年生の卒業を前に、みんなをドイツへ研修旅行に連れて行ったんですよ。新型コロナウイルスがヨーロッパで猛威を振るい始めていた頃です」

長く高校教員をし、体育会系の部活の指導をしてきた曽根崎さんならではのエピソードだろう。ボクシングにしろ吹奏楽にしろ、大きな目標に向かって日々厳しい鍛錬に耐える。若い頃にしかできない体験によって生まれた生徒と先生のつながりが、仕事における良好な上下関係に変化していったのだろう。

曽根崎さんをトップとする布陣はこうして整った。それと並行して、曽根崎さんは店の経営も学んだという。

「それまでは学校の教員ですから、店の現場も経営もド素人です。経営については、店を閉じていてもかかる費用があることや、その3ヶ月分くらいは最低でもストックしておかないと不意の事態に対応できないことなど、税理士の先生に基礎から教わりました。店の経営を引き継いだ時点では、運転資金を借り入れていたので、まずその返済を急ぎ、その後は、せっせと貯金をしました。まだ、コロナなんて思いもしない頃のことですが、あの経験がよかったと、今になって思います。もし、店を継いだばかりの頃にコロナが来ていたら、たぶん対応できなかったでしょう」

懐かしい客との嬉しい再会も、曽根崎さんたちを勇気づけた。

コロナで休業している間に、テレビの取材を受けたことがあり、それを見た古いお客さんが、2022年のまん延防止等重点措置が終わると、店を訪ねてくれたという。

「父がやっていた頃から来てくださっているお客さんなんです。テレビ報道を見て、店がなくなってしまうのではないかと心配してくださった。家内の手を握り、涙を見せました。そんな姿に本当に感激しました。僕はまだ、この店の経営を任されてから、たかだか7年ですが、自分が食べてみて、また行きたくなる店、誰かを連れて行ってあげたいと思う店を、ずっと目指してきました。うちの店にとってもっとも大事なことは、ビールと料理がおいしいことだと思っています。だから、低価格にするためにクオリティを下げることは絶対にあってはならないと考え、諸物価が上がる中で、お客様にも納得いただける形で価格に転嫁してきました。お蔭様で、売上高も、コロナ前の1・5倍になりました。今、思い返すと、うちはどんなビア・レストランであるべきか、僕は経営者としてどうあるべきか、そして、効率と利益をどう上げていくかを、コロナを通じて学んできました。コロナがあったから、成長できたと、思っています」

曽根崎さんは、売上の向上に伴い、コロナ休業中に8割の給料で休んでくれた社員たちに、今、ボーナスを支払っているという。

「これは、僕からの恩返しです。社員たちとの人間関係も、コロナの期間を通じてより良い関係になりました。その恩返しですね」

コロナ以前から地道な経営を心掛けてきた「バーデン　バーデン」は、コロナ禍という試練も、成長の場に変えて見せたのである。

浅草・観音裏の酒肴のうまい酒場に変化はあったか

やるぞと思えば、その火を消される日々だった

浅草の浅草寺の裏手、俗に観音裏と呼ばれるエリアに、私の好きな酒場がある。カウンター9席、奥の部屋にテーブル席が1卓あるきりの小さなその酒場の名は「ぬる燗」だ。2021年に訪れた21軒のうちの1軒で、主の近藤謙次さんはそのとき、日焼けした顔にやさしい笑みを浮かべながら、率直に胸の裡を語ってくれた。

近藤さんは、概ね、次のようなことを語った。

コロナ禍以前と同じ日課を守っています。朝早く起きて自転車にまたがって市場へ行って品物を見る。営業はできないから仕入れはしないけど、市場にだけは顔を出す。店の玄関先を掃き清め、植木に水をやる。何も変えていません。仕込みをすればいつでも店を開けられる状態です。一人で切り盛りしている店だから、サボろうと思えばいくらでもサボれるけど、僕は自転車漕いで汗をかいて、コロナ禍以前の習慣をしっかり守ろうと思っている。営業が再開できる日が来たら、口開けの酒をお出ししたい。

瓶に残っていた酒じゃなく、シュポンと栓を抜いたばかりの一升瓶から酒を注ぎたい。そんなこと思っているんです……。

この話を聞いたとき私は、へえ、営業できないのに、偉いですねえ、などと適当な相槌を打っていたのだが、実は、泣き出してしまいそうなほど心を打たれていた。

こんな律儀者が残っているんだな、浅草には――。そう、思ったら、泣けてきたのだ。

客に対して義理を欠くことのないように自分を律している、という意味で感動したのではない。近藤さんが律儀なのは、ひとえに、自分の仕事に対してだと思って、心が大いに動いたのだ。

彼が守ろうとしていたのは、日々の暮らしの中で、ふと、あの店に寄りたいと思ってもらえる、そんな飲み屋でありたいという一途な思いだった。それゆえに、２０２１年当時、彼が口にした率直な不安は、私の記憶に深く刻まれた。

不安とはこういうことだ。

長く店を開けられない間に、客が酒場に通うリズムが変わってしまうかもしれない。もとより、家で飲めば、安くすむのだ。お客さんに、あの店に飲みにいくほうがおもしろいと思っていただくのは、実はそう簡単なことじゃない。それでも自分は、これまでのやり方を変えずにやっていきたい。

彼は静かにそう語ったのだった。

そのときから2年と2ヶ月を経て、私はまた、「ぬる燗」のカウンターで、近藤さんの話を聞いた。

２０２１年の秋に営業再開をしたが、年を越した２０２２年の1月から、まん延防止等重点措置期間にまた突入し、営業を制限された。近藤さんはその頃をこう振り返った。

「コロナの間は、営業短縮とか休業要請とかが解けるたびに、さあ、やるぞと思ったけれど、すぐにまた次の協力要請が出て気持ちの火を消されてしまう。その繰り返しでした。２０２２年に入ってからも、ずっと落ち着かないままでした。幸いなことに、常連さんたちが来てくれて、なんとか店を回すことができましたけど、ふらりと入ってくる客は、一時はまったくなかった。２０２３年の5月を過ぎて、ようやく、ひとりでふらりと立ち寄る、うちの店には初めての客が、来てくれるようになりました」

コロナ禍を抜け、客の飲み方も、大きく変わってしまった

こうして振り返ってみると、コロナ禍はほぼ3年に及び、２０２３年になってからも、酒場はすっかり元通りにはならなかったと言えるだろう。業績が急回復、史上最

高利益を計上する企業も出てきた一方で、経営回復の歩調が遅く、決して先行きを楽観視できない企業もある。特に酒場においては、客が変質したと、多くの経営者が指摘している。近藤さんもこう言う。

「5月に5類になり、ひと夏が過ぎましたけど、客足はまだ戻り切っていないと思うんですよ。それに加えて、コロナ禍にも変わらずに支えてくれた常連さんたちも、なんと言うか、酔いが早くなった。家飲みが習慣になったせいですぐに酔ってしまうのか。どこか、調子が出ないみたいなんです。家飲みでは常温の酒を飲んでいたけれど、やっぱり燗酒がうまいね、と言いながらも、すぐに酔ってしまう。商売としては、どうなのかな。売上が下がっちゃうわけだからね。それともうひとつ、緊急事態宣言で店を開けられなかったときに、酒は家でも飲めるからわざわざ飲みに行かなくてもいいと考える人が出てくるんじゃないかと不安だった。それが今、現実になっているかもしれない。飲み屋でお金を払って飲むということに、お客さんがシビアになっているかもしれません」

　それでも、5月の5類移行を待って、やっと帰ってきた常連が口にする言葉には、慰められたという。

「コロナはもう、気にしなくて大丈夫だ。本当に安心していい。そう思えるときまで自粛をしていた方たちが5類移行の後で、久しぶりに店に来てくれました。そうした人たちがみなさん口にしたのは、やっと来られた、というひと言でした。嬉しかった」

コロナ禍を経て、客の飲み方の質が変化していることは明らかだ。その反面、安心できる時期を待っていた客が3年ぶりに帰ってくる。それは酒場の主にとって大きな喜びなのだ。

まだ残る不安と、再会の喜びの間で、気持ちの整理はなかなかつかない。近藤さんは今、どんなことを考えているのか。

近藤さんは酒好きだが、家では飲まないという。

「僕は、酒は家では飲みません。酒場が好きなんです。酒場の空気を味わいたくて飲み屋に行く。あの酒が飲みたいというのではなく、あの店で飲みたい。そういう店に行き、みなさんが飲んでいる酒を僕も飲む。それでいいと思っているんです。たとえば、仕事帰りにひとっ風呂浴びる。その日にあったあれやこれや、いいことも悪いことも、いったん考えるのをやめて、風呂上がりにふらりと酒場に寄りたい。僕はそんな時間がとても好きだし、憧れて、そういう酒場の主になりたいと思い、32歳で店を持った。２０２４年でちょうど20年になるけれど、今も、その思いは変わらない。取り揃えている銘酒でも名物のつまみでもなく、その酒場が持っている空気。僕は外で飲むときに、その空気に対価を払っていると思っています」

これからの酒場はどうなっていくのか、答えはまだ出ない

近藤さんは、若き日に憧れた酒場への思いを、つい昨日のことのように話す。そして、今なお、そのときの純粋な気持ちで、自分が吸いたい空気を求めて、良き酒場を訪ね歩く。浅草で20年。銘酒と抜群の酒肴で客の心をしっかり摑んできた近藤さんは、今なお、酒場とは何かという問いに、正面から向き合っている。

「うちの店のことも、お客さんによって、見方は違うと思います。ぬる燗へ行けば、あのつまみがある、と思ってくれる人がいるかもしれない。あの酒がある、という人も、うまい燗酒が飲めると思う人もいるかもしれない。でも僕は、もっとその先、あそこに行けば、近藤がいる。それでいいんじゃないかと思う。あいつの店に行ったら、スムーズに気持ちの切り換えができたな。そう思ってもらえるような店でありたい。コロナ禍の最中、これからどうなるかわからないと不安だったときも、同じことを考えていました」

酒場とは何なのか、今も答えは出ないと近藤さんは言う。しかし、酒場を愛し、酒場を営む近藤さんには、ひとつの理想形があるようだ。

それは、コロナ禍を経て夜遅くまで飲む人が減った今、いい酒場とはどんな酒場なのかを考える上で、酒場の経営者と酒好きたちが、自分の胸の裡で繰り返し考えるべ

きことなのかもしれない。

「ひとりでふらりと入りたい酒場こそ、今後も残っていく酒場ではないかと思っています。予定を合わせてみんなで集まって飲む酒席もたのしいけれど、ひとりでぶらり、というのが大事だと思う。何かおもしろい話題を提供して盛り上げようという気遣いなどまったく必要のない、ひとり酒。それを楽しめる酒場が、いい酒場であり続けるような気がします。客を見ているだけで楽しい酒場があります。そこで飲んでいるお客さんの顔とか背中とかを眺めながら、僕もひとり、酒を飲んでいる。ふと目が合ってしまって、何か、思いが通じるというか、いよっ、お疲れさんみたいなアイコンタクトをしたりしてね。そういう、知らない人の息遣いを感じられる時間がいい。そういう酒場がいいと思うのです」

「ぬる燗」はカウンター9席、奥の座敷にテーブルがひとつ、という小さな酒場だ。お通しに、小椀の汁ものをさり気なく出してくれたりする。おお、気が利くなと思いつつ大瓶ビールでまずはひと息つき、それから常時50品ほどは用意されている品書きの酒肴に目を走らせ、悩む。まずはお造りから入って、淡麗なタイプの酒にするか。いや、今日は、最初から生酛造りのしっかりしたタイプでいくか。ちょっとだけ考えるのだが、酒は自分で決めずとも、今日の酒はどんなのがいいかと尋ねれば、近藤さんが間違いない酒を選んでくれる。

その間にも、江戸っ子特有の、荒っぽいが、ちょっと照れたような口調で交わす会話が楽しい。東京の西のほう、旧三多摩郡の出身である私に、彼の東京弁は刺激的だったりもするのだ。うまい酒肴があり、うまい酒を取り揃え、手を休めない仕事の合間の短い会話でも楽しませる。そんな「ぬる燗」は、どこから見ても良き酒場なのだが、その主である近藤さんは、独自の酒場観を持っている。

「あの店に行ったらこれを喰うべしみたいな、誰が言ったかわからないことを真に受けている人がいるけれど、冷奴でいいんですよ。冷奴をおいしく食べさせる酒場、それがいい酒場です。酒は菊正宗しか置いてないとして、あの店で飲むから菊正がとてもうまい。そういう店があることを知らないで、銘酒の数々を置いている酒場に憧れるような同業者の後輩もいるんです。僕が彼等に言いたいのは、いろいろ揃える前に、まずは1本の酒を、ちゃんと出してみな、ということです」

たとえば湯豆腐で燗酒を飲む。酒は珍しくもない銘柄の本醸造でいい。そういう客が、この酒場で飲むからうまいと感じるのは、近藤さんの言う、空気がうまいからなのではないか。

酒は、冷や、常温、ぬる燗、熱燗、いろいろな温度で味わいが異なる。たとえばある酒場で、木綿豆腐と白菜とネギだけが煮えている鍋からポン酢の小鉢に豆腐をとって熱々を口に運ぶとき。純米でも吟醸でもない、本醸造の燗酒が抜群にうまいことがある。そして、ふと気がつけば、ひとり用の小鍋で湯豆腐や寄せ鍋をつついている人が何人もいたりする。横顔が見えている人。背中しか見えない人。楽しそうな人。怒っているのかもしれない人。いろんな人が、静かに1本のお銚子に手を伸ばし、一丁の豆腐をつまみに寛いでいる。

その姿を眺めること自体が、酒場のおいしさとも言える。コロナ禍の間に失われたもっとも大きなものは、生身の人間が触れあう時間と場所だ。

今、取り戻したいのは、そんな酒場の気遣い。客同士の目配せや、主とのちょっとした会話だ。

「コロナの間、店を開けられるときは、市場で仕入れるんですけど、市場の人たちも、そのまた先にいる生産者の人たちもたいへんだろうからって、ちょっといい恰好して、値の張るものを仕入れたりしていたんですよ。だから今も市場へ行くと、これ持ってってよって、キロ4000円のカンパチなんか出てきちゃう。うち、刺し盛りを税込み1000円で出してるんですよ。どうすんのよ、これ、と思うけど、僕らも、市場あっての商売だからね。そこは我慢して恰好つけるんです」

市場でしばし躊躇する近藤さんの顔が見えてくるようなエピソード。酒場の息遣いというのは、こんなところにも隠れているのかもしれない。

あとがき

２０２４年10月。四国の高松を訪ねた。仕事が夕方前に終わり、最終便に乗るための空港リムジンバスの時刻まで、あと1時間。いや、ぎりぎりまで粘れば1時間半は飲める。そんな時刻だった。

うろ覚えの店を探した。店の名は「美人亭」。以前、お訪ねしたのは15年も前だろうか。高松の漁港で揚がるその日の魚をおいしいつまみにしてくれる女将さんは、初めての私を歓待してくれ、うまいうまいと喜ぶ私に、明日の朝、一緒に市場にいきましょうと誘ってくれた。私はその日、雑誌の企画で香川県の遍路道を歩くことになっていたが、早起きをして漁港に向かい、女将さんの買い出しを見学し、市場の人たちが集う食堂で一緒においしい朝飯を食った。

高松に行ったのはそれ以来のことで、しかも、立ち寄ったその晩に帰京しなければならなかった。急がねばならない。

午後5時の開店直後に、店に入った。迎えてくれたのは、私の知っている女将さんではなく、若い女性だった。

店の小上がりの半分ほどは、テーブル席になっている。ビールを頼んでから改装されたのですねと声をかけると、4年前だという。私はずいぶん昔、ここへ来て、女将さんに市場にも連れて行ってもらったと話すと、その女性はにこりと笑って、そういうお話も聞いていますと答えた。

この人が今の女将なのだった。代替わりをしたのも4年前。コロナ禍のことだなと思った。訊けば前の女将さんは元気にされているという。そう聞いて懐かしさがこみ上げる。一度しか来たことのない店に、私は郷愁に近い感覚を覚えていた。

時間がなかった。すぐに出せるという、芋の煮たものと、栗の甘皮煮、それからコチの刺身を頼んだ。飲めばあまり食べない私が、芋と栗の煮たものを頼むのは、我ながら驚きなのだけれど、これが実にうまかった。特に芋がうまい。なんという芋かと伺うと、たけのこ芋だという。東京は神田の行きつけのおでん屋のタネに海老芋というのがある。いずれも里芋だなと思いながら食べたのだが、後で調べると、たけのこ芋は京芋と呼ばれ、京芋は海老芋と同じらしい。栗の甘皮煮も、ほどよく甘く、適度にシブく、瓶ビールによく合った。そうこうしているうちに女将さんが切ってくれたコチが出た。見た目はイマイチの魚だが、白身はコリコリしてうまい。しかも鮮度がいい。燗酒でゆっくりしたいが、なにしろ時間がない。焼酎を炭酸で割ってもらった1杯を急いで飲み、会計を頼んだ。

「急いでいてすみません。ゆっくり飲みたいけど、東京まで帰るもので」

「東京からいらしてたんですか」

「泊まれるとよかったのですが」

そんなことを言いながら会計をすませ、小雨の降る店の外へ出ようとしたとき、

「また来てください。こちらにいらしたときには、また、寄ってください」

新しい女将さんは、そう言って送り出してくれた。


店を出て、リムジンバスに乗るために高松駅へと歩きながら、私はとても嬉しかった。高松の「美人亭」に、またいつか、来ることができる。それが嬉しかった。

コロナ禍が一段落したとき、多くの人々が、馴染みの店に懐かしい訪問をしたことだろう。この本の取材においても、涙ながらの再会があったことを何度も聞いた。そして、会いたいのに、もう会えなくなってしまった、という話もまた。

コロナ禍が、世の中を変えた。コロナ禍を生き延びるために、世の中が変わった。人は変わり、酒場も変わった。しかし、また、来てくださいと言ってくれる酒場はあり、またぜひ行きたいと思う酒飲みがいる。このつながりは、コロナ禍を通じて、より強くなったのかもしれない。若い人には、いまひとつピンと来ない話かもしれないが、40年酒場通いをしてきたひとりの物書きは、今、そんなことを考えています。

第1部の「酒を出せない酒場たち」は、2021年の秋から冬にかけて「dancyu WEB」に連載した記事です。ともに取材先を探し、訪ね歩いた編集者の宮内健さんと、客がいないのに心を打つ数々の写真を撮ってくださった衛藤キヨコさん、「dancyu」編集部に深く感謝いたします。また、単行本化にあたり、その後の酒場編とも言える第2部「コロナ禍は3年におよび」のディレクターを買って出た上で、単行本にまとめ上げてくれた、本の雑誌社の杉江由次さんに、この場を借りて御礼申し上げます。

しかし、誰よりも、コロナ禍という、かつて経験したことのない時期に、また、その時期を振り返って、腹を割って話してくださった、すべての酒場のみなさんに、改めて、心からお礼を申し上げます。

また、お邪魔します。そのときは、よろしくお願いします。

2024年10月末日

初出
第1部　酒を出せない酒場たち　dancyu WEB
第2部　コロナ禍は3年におよび　書き下ろし

写真　衛藤キヨコ
装丁　松本孝一

酒場とコロナ
あのとき酒場に何が起きたのか
2025年3月3日 初版第一刷発行
著　者　大竹聡
編　集　杉江由次
発行人　浜本茂
印　刷　シナノパブリッシングプレス
発行所　株式会社本の雑誌社
〒101-0051
東京都千代田区神田神保町1-37
友田三和ビル5F
電話　03（3295）1071
振替　00150-3-50378

定価はカバーに表示してあります。
ISBN978-4-86011-497-8